はじめ

「ロシア人の名前は何であんなに長ったらしいのか？」
という質問を、今まで何度も受けたことがあります。もっと単刀直入に、**「何であんなに滑稽なのか？」**とすら言われたこともあります。

たしかに、ロシア人といえば「ドストエフスキー」「ムソルグスキー」「ゴルバチョフ」など、ゴツイというか愛想がないというか、そんな名前ばかりです。でも、そのゴツさや滑稽さは、なぜか日本人を引きつけるものがあるように思うのです。村上春樹氏の小説『世界の終わりとハードボイルド・ワンダーランド』の中で、主人公が「『カラマーゾフの兄弟』の兄弟の名前をぜんぶ言える人間がいったい世間に何人いるだろう？」と、自嘲気味に独白するシーンがあります。「ロシア人の名前を覚えていること」が「物好きの象徴」として扱われているわけで、こんなふうに扱われる名前は、他にあまりありません。

本書は、そんなロシア人名の中でもとくに「名前の響きが怪しい」人を選んで紹介するもの。そのため「トルストイ」や「チェーホフ」は出てこないのに、「サルトゥイコフ=シチェドリン」などマニアックな作家が出てきます。こんな人、他で知る機会はまずないので、**ぜひ名前だけでも覚えて帰ってください。**そしてできれば、本書の名前を実際に「発音」してみてください。「グジェ」とか「ドヴァ」とか、「ルグスキー」などという不可思議な音は、日本語や英語では一生声に出すことはないはず。自分の発声機能の無限の可能性に気づくはずです（大げさか）。どれもこれも実生活には役に立たないこと必至ですが、「こんな言語があるのだなぁ」「こんな人がいたんだなぁ」などと、楽しんでいただけますと幸いです。

目次

第1章 英雄もいれば悪者もいる【軍人、実業家】………… 003
ポチョムキン／クトゥーゾフ／ブジョンヌィ／トゥハチェフスキー／
ベレゾフスキーとホドルコフスキー／アブラモヴィチ
column 1 そもそも、なぜ名前が長いのか？…………………… 016

第2章 ネタと革命と大統領【政治家】………………… 017
プーチン／メドヴェージェフ／チェルノムィルジン／
ゴルバチョフ／スターリン
column 2 ロシア人の苗字の仕組み1 …………………… 028

第3章 宇宙へ行ったり、空を飛んだり
【宇宙飛行士、野球選手など】………………… 029
ガガーリン／ツィオルコフスキー／スタルヒン／
ザンギエフ／カラシニコフ／コマロフ
column 3 ロシア人の苗字の仕組み2 …………………… 042

第4章 ときにはメロディーに乗せて【作曲家】………… 043
ショスタコーヴィチ／ムソルグスキー／ストラヴィンスキー／
ラフマニノフ／リムスキー＝コルサコフ
column 4 ロシア人の名前と父称 ………………………… 054

第5章 描いたり弾いたり踊ったり【画家、演奏者など】‥ 055
スタニスラフスキー／ディアギレフ／リヒテル／ロストロポーヴィチ／
ロジェストヴェンスキー／シャガール
column 5 女性の名前のルール ………………………… 068

第6章 書いて書いて書きまくる【作家】……………… 069
サルトゥイコフ＝シチェドリン／チェルヌィシェフスキー／
ソルジェニーツィン／アクーニン／ゴーリキー／スヴィドリガイロフ／
スメルジャコフ／カラマーゾフ／ドストエフスキー

第1章
英雄もいれば
悪者もいる

軍人、実業家

壮大なる出落ち
ポチョムキン

Григорий Александрович Потёмкин
1739～1791

　ロシア人の名前には「やたらと長ったらしい」ということと、「どことなく滑稽」という二つの特徴がありますが、**滑稽さにおいて西の横綱**と言える存在がまさにこの「ポチョムキン」です。

　映画好きな方だと、エイゼンシュテインの映画『戦艦ポチョムキン』でこの名前を耳にしたことがあるかと思いますが、そもそもの艦名は、18世紀に活躍した帝政時代の軍人であるグリゴリー・アレクサンドロヴィチ・ポチョムキンの名前より来ています。

　日本ではあまり知られていませんが、勇敢かつ知的で、数々の戦功を挙げた歴戦の勇者であるばかりか、有名な女帝エカテリーナⅡ世の愛人として政治にも深く関わった人物。非常にカッコよく、魅力的な人物だったようです。

　でも、名前が「ポチョムキン」。

　いくら歴戦の勇者と言われても、「相手の将軍はポチョムキンです」と言われた時点で、確実に油断しそうです。「**ポチョって、お前は宮崎アニメか？（笑）**」とかツッコまれている姿が目に浮かびます。

しかもその後に続く「ムキン」が、滑稽さに拍車をかける。童顔だけど筋肉だけはムキムキの体力バカを思わせる、実に秀逸な名前だと思います。

ちなみに、エカテリーナⅡ世の生涯を描いた池田理代子氏の『女帝エカテリーナ』という傑作マンガがあるのですが、それを読むと、当然ポチョムキンは主要人物、かつカッコいい人物として出てきます。

そしてクライマックス、ポチョムキンの死の報に接した女帝が、大きなコマの中央で、悲しみに満ちあふれた表情をしてこう叫ぶ。

「ポチョムキン！！」

思わず大爆笑。シリアスな雰囲気がぶち壊しです。

でも、ポチョムキンというのはそもそも、苗字なんですよね。エカテリーナが実際に彼のことを何と呼んでいたかは知りませんが、愛人の死に接して**「山田！」**とか叫ぶようなもので、考えてみればちょっと不自然です。そこで私は、「池田先生確信犯説」＝「この作品自体、このネタを書きたいがための壮大なネタ振り」を唱えたいと思います。

池田先生こそ、ロシア人の名前の面白さを最大限に引き出したパイオニアだった。**ご本人は迷惑だと思いますが**、私は勝手にそう思って尊敬しています。

☞ 発音のコツ

ロシア語では、アクセントがつかない「オ」は「ア」（正確には曖昧なア）と発音されます。「ポチョムキン」のアクセントは「チョ」につくので、最初の「ポ」は「パ」に近くなり、「パチョームキン」と発音すればそれっぽくなります。滑稽さも少し緩和される気も。

悩める中間管理職

クトゥーゾフ

Михаил Илларионович Кутузов

1745 〜 1813

　ロシア人の名前は短くても油断なりません。なぜか妙に発音しにくかったりするからです。その最たるものの一つがこの「クトゥーゾフ」でしょう。

　なんとも憎々（にくにく）しげな響きで、**マンガやゲームのラスボスの名前**として使われてそうです。

「わはは、よくここまで来たな、勇者よ。だが、**このクトゥーゾフ様の姿を見たものは生きては帰さん。覚悟しろ！**」

　ですがこの方、ミハイル・イラリオーノヴィチ・クトゥーゾフ将軍は、帝政ロシアを代表する有名な軍人。エカテリーナⅡ世、アレクサンドルⅠ世といった名だたる皇帝のもと、トルコとの戦争などで武功を挙げ、ナポレオンのロシア遠征時には、モスクワ陥落の危機を前にロシア軍最高司令官に就任。最終的にナポレオンを打ち負かして追い返したということで、ロシアでは英雄とされています。ラスボス扱いなどもってのほかなのです。

　もっとも、このナポレオンのロシア遠征（ロシアでは「祖国戦争」という）を描いたトルストイの『戦争と平和』などを読むと、勇猛果敢（ゆうもうかかん）な将軍、というよりも、ナポレオンと皇帝の間に立って**悩める中間管理職**、みたいな人だったことがわかりま

す。

1812年、欧州をほぼ統一したナポレオンは、欧州全土から集められた70万にも及ぶ軍勢でロシアへ侵攻。それに対してロシア軍は最初、退却を続けるという焦土作戦（退却して相手を国土の奥深くまで誘い込み、補給を困難にさせて撃退する）を行っていたものの、国内からブーイングの嵐。世論に押されるような形でしかたなく戦ったら負けて（ボロディノの戦い）、ナポレオンを追い返したら追い返したで**「逃げられるとは何事だ」**とか言われる始末。

高齢に心労がたたったのか、翌年に病死しています。まさに**苦闘ーゾフな人生**でした。

ちなみに若いころ、トルコとの戦争で片目を失った「隻眼（せきがん）の英雄」でもあるのですが、けっこうなメタボ体型だったようで、某仙台の武将のように歴女からキャーキャー言われることもないようです。そのあたりに関してもちょっと、人生の苦みを感じなくもありません。

結局、世の中「※ただしイケメンに限る」のか……そんな悲哀を意識しながら、苦々（にがにが）しげに発音してみてください。**本人にとっては大きなお世話でしょうが。**

👉 発音のコツ

ロシア語の「ウ」(y)は日本語よりも口をとがらせて発音します。
また「ktu」ではなく、「kutu」ですので、最初の「ク」のところもしっかり発音します。
「苦」の字を意識して、苦しげに「クゥトゥーザフ」と発音してみるといい感じになります。

007

名前に似合わず優れた軍人

ブジョンヌィ

Семён Михайлович Будённый

1883～1973

　ロシア語に特徴的な音に「ヌィ」があります。この音が入るだけで**どんな名前も一気にヌボッとした感じになる魔法の音**。チェルヌィシェフスキー（人名）、グロズヌィ（地名）……。なかでも私イチオシの「ヌボッと感」をかもし出しているのが、今回ご紹介するブジョンヌィ氏。「ヌィ」だけでももっさりしてるのに、さらに「ブジョン」がつく。この名前を聞くたびに、私は**冷めてびちゃびちゃになったパンケーキ**を思い出します。なぜだろう。

　でもこの人、セミョーン・ミハイロヴィチ・ブジョンヌィ氏は、ソ連時代の非常に優秀な軍人で、しかも騎兵隊を率いたら向かうところ敵なしという、名前に似合わない（？）さっそうとした人物だったのです。ソ連誕生直後に起こった内戦で大活躍し、1935年にはソ連初の元帥になった人物でもあります。

　ちなみにこのとき、同時に五人の軍人が元帥に昇格しました。ヴォロシーロフやトゥハチェフスキーといった非常に個性的で面白い人たちなのですが、その後のスターリンによる粛清で、うち三人が犠牲になるという運命を辿ります。

　このブジョンヌィさんは、幸いにも生き残ったほうの一人です。その理由はある意味、無能だったから。

名前に似合わず優れた軍人　ブジョンヌィ

　彼は主に騎兵を率いて活躍してきたのですが、戦車や航空機が活躍する近代戦の時代にまったくついていけず、第二次世界大戦時には完全に「**アレな感じの人**」になっていたのです。

　別にそれだけの理由ではないでしょうが粛清を生き延び、しかも戦後もわりと長生きし、軍人というより馬の品種改良なんかで活躍したみたいです。コサック騎兵で有名なロストフという地域の出身なだけに、本当に好きだったのでしょう、馬が。

　ちなみにトレードマークはヒゲなのですが、なんかすごいことになってますので、ぜひネットなどで検索してみてください。まるで中世のロシア貴族です。

　余談ですが、ロシア人がアジアふうの長いヒゲをやめたのは、大帝ピョートルⅠ世が近代化のためと称してヒゲ禁止令を出したときのこと。従わないとピョートル自らその人のヒゲをむしり取ったほどで、その時代だったらむしろ、**ブジョンヌィさんがまっさきに粛清されていたことでしょう、ヒゲを。**

　そういえば、なぜ彼の名前からパンケーキを思い出したのかわかりました。ロシア語でパンケーキのことをブリヌィ（блины）っていうのですよ。　**べちょべちょになったブリヌィ＝ブジョンヌィ**ということでしょう。

　そういえば昔、「**冷めたピザ**」と言われた人がいたことを思い出しました。

☞ 発音のコツ

この「ヌィ」（ны）という音、決して「ウィ」（ui）ではなく、「ы」という文字で表記される一つの母音。
舌を奥に引っ込めながら「イ」と発音するという微妙な音で、こもった「イ」といった感じです。
「ブジョーン」と言ってから、口ごもるように「ニ」と言ってみましょう。

ソ連の赤いナポレオン

トゥハチェフスキー

Михаил Николаевич Тухачевский

1893〜1937

　先ほど取り上げたブジョンヌィと同時にソ連邦元帥になった
人物に、ミハイル・ニコラエヴィチ・トゥハチェフスキーとい
う人がいます。

　いかにもロシア人という感じの「スキー」。さらに、「トゥハ」
という音の発音のしにくさもロシア人らしく、**ロシアっぽ
さを手軽に味わいたいとき**（いつだ？）にぜひ、口に
出していただきたいロシア名です。

　さて、このトゥハチェフスキーさん、日本ではあまり知られ
ていませんが、とても偉い人で、非常にかっこいい人です。

　ロシア革命後の内戦で大活躍した軍人で、ソ連邦の最初の五
人の元帥の一人に選ばれ、なかでも最高の英雄とされていた人
です。

　馬フェチのブジョンヌィ元帥と違い、近代戦に強く、とくに
ソ連軍の空挺部隊の基礎を作り上げるなど多大な貢献がありま
した。そのあだ名は「赤いナポレオン」。そういえば、なんと
なく顔がナポレオンに似ています。

　ただまぁ、時代が悪いというか、そんな優秀な人を嫉妬の鬼・
スターリンが野放しにするわけがありません。なんやかやい
ちゃもんをつけられ、ヴォルガ地方の辺鄙な連隊に飛ばされま

す。

　それに目をつけたのがドイツ。あのやっかいなトゥハチェフスキーを排除してやれと、わざと「トゥハチェフスキーはスパイらしいですぜ、旦那」みたいな文書を流します。

　そしてそれを口実に、というか、**元々粛清する気満々だった**スターリンは、彼を秘密裁判にかけ、無実の罪で処刑するのです。1937 年のこと。ちなみに秘密裁判でスターリンの前に立たされたトゥハチェフスキーは、臆（おく）することなくスターリンを批判したそうです。

　そして 1941 年、ついにソ連とドイツとの戦争が始まりますが、トゥハチェフスキーをはじめとした優秀な将官を軒並（のきな）み粛清していたために軍隊が弱体化しており、ソ連はいきなり大ピンチに。ヴォルガ地方まで一気に侵攻されます。

　そんなとき大いに活躍したのが、実はトゥハチェフスキーがヴォルガにいた頃に鍛え上げた連隊だったそうです。

　まさに、「死せる孔明（こうめい）、生ける仲達（ちゆうたつ）を走らす」を地でいったわけですね。

　そんなところも含め、非常にかっこいいのですが、トゥハチェフスキーの「トゥハ」が、ため息のように感じられるような人生でもありました。まさに**「トゥホホ」**という感じでしょうか。別にうまくないですか。すいません。

☛ 発 音 の コ ツ

　ロシア人名の典型「スキー」系の名前、出ました。「キー」と伸ばすというより、「キ」に小さく「ィ」を付け加える、という感じ。ロシア語の綴りも「小さいイ」（й）です。アクセントは「チェ」なので、「トゥハチェーフスキィ」。実は「ハ」の発音も少しやっかいなのですが、これは次項。

なんか悪そうな二人

ベレゾフスキーと
ホドルコフスキー

Березовский и Ходорковский

1946〜2013　1963〜

　名前だけを見て、

「どっちも敵っぽい名前だな」

　と思った人、わりといい線いってます。彼らはどちらも、ソ連崩壊後の「あだ花」ともいえる人物なのです。

　まずは、ソ連時代は数学博士として研究者の道を歩んでいたボリス・アブラモヴィチ・ベレゾフスキー。

　自動車販売事業を起こして巨富を得て、石油会社に大手新聞社、国営航空会社（アエロフロート・ロシア航空）、テレビ局などを立て続けに買収。自らも政治家になってエリツィン政権を支えるとともに、そのエリツィン政権を最大限に利用しまくって莫大な富を手にしました。

　一方、ソ連時代は共産党エリートだったミハイル・ボリソヴィチ・ホドルコフスキーは、エリツィン政権の企業国有化の仕組みを利用して二束三文で多くの企業を手に入れました。最初は金融関係、後に石油会社を手に入れ、これまた巨額の富を手に。

　こういった人々は新興財閥、ロシア語で「オリガルヒ」（олигархи）と呼ばれ、とくにエリツィン時代はこの世の春を謳歌。その金遣いの荒さも相まって、「ニュー・ロシア人」

と皮肉っぽく言われたりもしました。日本で言えば、あの、**足元を照らすために紙幣を燃やすことで名高い**「成金」みたいなものですね。

その流れが変わったのがプーチン政権誕生後。

国家の統制を強化しようとするプーチンは、自分の意のままにならないオリガルヒを徹底的に弾圧し、脱税などの罪で次々摘発しました。

その結果、ベレゾフスキーはイギリスに亡命。その後も反プーチン活動を続けていましたが、2013 年に死去。自殺と言われています。

ホドルコフスキーは逮捕されてシベリアにて刑務所暮らし。10 年後の 2013 年になって、やっと釈放されました。

彼らの「罪」が本当にあったのかは、神のみぞ知る、ってところでしょう。

でも、「ベレゾフスキー」「ホドルコフスキー」という名前だと、「**なんかやってそう**」と思わざるをえません。前述のクトゥーゾフも含め、「なんか悪そう」な名前が多いのもロシア人の特徴です。まぁ、あくまで主観ですが。

ちょっと悪い気分（なんだそりゃ）になりたいときは、「**そちもワルよのう、ベレゾフスキー**」などとつぶやいてみるのも一興かもしれません。

☛ 発音のコツ

実はロシア語には、厳密には日本語のハ行に当たる音がない。代わりに「 x 」(kh)と表記される、喉の奥から吐き出すように「カッ！」「ハッ！」と発音する子音があり、ホドルコフスキーの「ホ」もその音。無理やり仮名で示すと「ハッ！　ダルコーフスキィ」という感じ。和田アキ子か。

013

アブラまみれの大富豪
アブラモヴィチ

Роман Аркадьевич Абрамович
1966〜

前項で取り上げたベレゾフスキーやホドルコフスキーと違い、「なんか悪そうな名前をした新興財閥（オリガルヒ）」のなかでも、うまく世を渡ってきた人もいます。

その代表がこの、ロマン・アルカージエヴィチ・アブラモヴィチ。

なんかもう、名前を見ただけで、脂ぎった成金のオヤジを思い浮かべざるをえません。**そのくせ名前は「ロマン」**。ものすごくどす黒いのに、妙にファンタジーな野望とか持ってそうです。**油で覆い尽くされたテーマパーク「アブラーランド」を作る**とか。

1966年生まれの彼は、前述のベレゾフスキーの部下として、シベリアの石油会社シブネフチの経営などで頭角を現しました。油を売って巨額の財産を築き上げたわけですね、**アブラモヴィチだけに**。石油王の名前がアブラモヴィチというのは、なんかできすぎな気もします。

ただ、その後プーチンがオリガルヒへの圧力を強め、親分であったベレゾフスキーは国外へ逃亡。アブラモヴィチはその後釜に収まりました。当然、彼もまたプーチン政権から狙われる

立場にあったはずです。

　そんなとき彼が行ったのが、アブラーランドの建設、ではなくて、イギリスの著名プロサッカーチーム、チェルシーの買収でした。

　そして、潤沢なマネーを使って派手なチーム強化を行ったことで、彼の名は一躍世界中に轟き渡りました。この買収は、彼の将来の亡命を見越してのこと、という説もありましたが、逆にこうして世界に名を知らしめることで、プーチンが手出ししにくくなることを狙っていたような気もします。

　ともあれ、その後も世界の大富豪ランキングに名を連ねつつ、いまだにプーチン政権と良好な関係を保っているあたり、かなりの策士なんでしょう。

　さて、さっきからしつこいほどに油ネタを連発していますが、アブラモヴィチとは、「アブラハム（ロシア語でアブラム）の子」という意味で、当然油とはまったく関係がありません（そもそも、**アブラ＝油って日本語だし**）。そして、名前の由来からもなんとなく想像がつくように、ユダヤ系ロシア人です。

　というか、実はベレゾフスキーもホドルコフスキーもユダヤ系ロシア人。ロシアには歴史的にユダヤ系の人が多いとはいえ、このように経済的に成功した人が軒並みユダヤ系だと、「なんかユダヤってすごいな」と思わざるをえません。

👉 発音のコツ

「モ」にアクセントがつくので「アブラモーヴィチ」。「アブラモビッチ」とも表記されますが、正確には「ヴィチ」です。ここを「b」の音で発音してしまうと、英語の忌み言葉になるので注意。ロシア語の「в」は「ヴ」と読むのでよけい紛らわしい（「バ」行は「б」）。

---

column 1

そ も そ も 、 な ぜ 名 前 が 長 い の か ？

　なぜ、ロシア人の名前は長ったらしいのか。その最大の理由は、「名前が三つある」ということに尽きると思います。

　「グリゴリー・アレクサンドロヴィチ・ポチョムキン」のように、ロシア人の人名は押しなべて、三つの名前が並んでいます。西欧人でも「ジョン・F・ケネディ」のようなミドルネームを持つ人もいますが、ごく少数。日本人に至っては、「藤子・F・不二雄」先生か、「つのだ☆ひろ」くらい（え、☆はミドルネームじゃないですか？ そうですか）。でも、ロシア人の名前は必ず三つから成るのです。

　最初にくるのが俗にいう「個人名」、ロシア語では「イーミャ（имя）」で、最後が苗字、ロシア語で「ファミーリヤ（фамилия）」です。では真ん中は何かといえば、ロシア語では「オーチェストヴォ（отчество）」、日本語では「父称」と言い、実は「お父さんの名前」なのです。

　つまり、個人名と苗字の間にお父さんの名前を挟み込むわけで、言ってみれば女優の杏さんを、「渡辺・謙・杏」と長ったらしく……いやあんまり長くないな……小泉進次郎氏を「小泉・純一郎・進次郎」というようなものです。漫才コンビか。

　しかも単純に父親の名前を挟み込めばいいわけではなく、語尾に「ヴィッチ」という語をつけます。こうして晴れて「グリゴリー・アレクサンドロヴィチ・ポチョムキン」などという長ったらしくて珍妙な名前が生まれるというわけです。

第2章
ネタと革命と大統領

政治家

ロシアは頭ではわからない

プーチン

Владимир Владимирович Путин

1952〜

　2008年、法律で定められた最長任期である8年を終え、ウラジーミル・ウラジーミロヴィチ・プーチンがロシア大統領の座を後任のメドヴェージェフに譲った際、こんなジョークが流行ったそうです。

「あれだけ権力のあるプーチンなんだから、法律を改正してあと4年くらい任期を延ばすこともできたはず。なぜそうしなかったのか」

「一度引っ込んでまた出れば、もう8年大統領ができるから」

　でまぁ、「んなアホな」「はっはっは」となるわけですが、2012年3月、再び大統領選を勝ち抜き、その**まさかをやってのけた漢・**プーチン。なんかもう、どこまでネタで、どこから本気なんだかわかりません。プーチンも、ロシアという国も。

　とはいえ、2000年の大統領就任時、プーチンはまったくといっていいほど国外で知られておらず、さらにKGB（ソ連時代の諜報機関）出身だということもあり、その「怪しさ」が強調されました。

　その最たるものが、帝政末期に暗躍した「怪僧ラスプーチン」の子孫というもの。たしかにラスプーチンから「ラス」を取れ

ば「プーチン」。さらに、プーチンの出身地が帝政ロシアの首都サンクトペテルブルグということもあり、変な信憑性がありました。

「子孫は名前を変え、密かに生き延びていたのだ」

というような話なのですが、

「だったら『ラス』を取るだけじゃなく、もっと根本的に変えろよ」

と突っ込みたくもなります。

ラスプーチンという名前は、ロシア語のラスプターチ、「ほどける」「解き放つ」という語が元で、転じて「放蕩者」という意味にもなるようです。ロシアではわりと、一般的な名前です。

一方、プーチンの由来は普通に考えると「プータ」という語なのですが、怪僧の子孫かはともかく、本当に「ラス」を取って「プーチン」としたのだ、という説もあります。まぁ、そんなふうに言われるあたりも、彼のミステリアスさゆえなのかもしれません。

ともあれ、柔道をこよなく愛する親日家でありながら、冗談みたいなやり方で大統領に返り咲いてしまう。そんなよくわからない大統領をもつのが、わが隣国ロシアなわけです。

「ロシアは頭ではわからない」（ロシアの詩人・チュッチェフの言葉）

☞ 発音のコツ

英語に直した綴りは「Putin」なので、「プーティン」と発音したくなるところですが、ロシア語の「ti」は「チ」という発音のほうが比較的近いので、「プーチン」でOK。「プーティンがさあ」なんて言っていると、「欧米か！」と突っ込まれるうえに実は間違ってたりもするので注意。

影は薄いが名は「ハチミツ」

メドヴェージェフ

Дмитрий Анатольевич Медведев

1965〜

先ほどの「プーチン大統領返り咲き」で重要な役割、あるいは**当て馬役を担った**のが、ドミートリー・アナトーリエヴィチ・メドヴェージェフ。ロシア第三代大統領です。

それにしても彼、ゴルバチョフ、エリツィン、プーチンと続く「濃い」ロシアの指導者と比べ、どうも影が薄いのは否めません。そもそもこの時点で「あれ、ロシアの大統領ってずっとプーチンでしょ？」と思っている人も多いはずです。

というのも彼はあくまでプーチンに後継者として選ばれて大統領になったうえ、そのプーチンが「首相」という地位に留まり、一緒に政治を見る、という立場だったからです。俗に言う「双頭体制」ですが、結局プーチンの傀儡でしょ、となるのは必定。まるで平安時代の院政です。**お前は後白河法皇か。**

そんなメドヴェージェフですが、その大統領最後の年である2011年になってから急に、プーチンとの対立姿勢を取り始めたと話題になりました。あえて反対のことを言ったり、公衆の面前でプーチン批判をしてみたり。そして大統領選挙にも、プーチンの対立候補として立候補する姿勢を見せたのです。

それが結局、直前になって立候補を取りやめプーチン支持に。あとから考えると、プーチン返り咲きを演出するための仕組ま

れた反逆シナリオだったのかなぁ、とも思えてきます。

そして現在もロシア首相を務めているわけですが、ソチ・オリンピックやクリミア問題などいろいろなトピックスがあったにもかかわらず、ほぼ彼の姿を見ることはありませんでした。

あんまり影が薄いので、ひたすら彼の名前の話だけしようかと思います。

この名前の語源である「メドヴェーチ」とは、「熊」です。「メド（ミョート）」はハチミツ、「ハチミツを食べるやつ」という意味になります。

日本でも熊は畏怖される存在ですが、森林が多くあちこちを熊が徘徊しているロシアでは、さらに恐るべき存在だったようです。元々ロシア語には「熊」に当たるオリジナルの語があったそうですが、あんまり怖いので、みんなそれを口に出すのをはばかって、

「ほらあの、ハチミツを食ってるやつさ」

みたいに言っていたら、いつのまにか元の言葉が忘れ去られて、「ハチミツを食べるやつ」というのが正式名称になってしまった、とのことです。

なんかその辺の「忌み言葉」の発想とか、日本語と似ているなぁ、と思います。

☛ 発音のコツ

簡単に見えて意外と難しいのが、ロシア語の「エ」（е）の発音。実は「イェ」と発音します（普通の「エ」を表す文字（э）は他にある）。しかも、アクセントがつかないと短い「イ」のように発音するというルールもあり、結局この名前は「ミドヴィエージフ」という発音に。読みづらさも地味。

複雑怪奇な舵取り係

チェルノムィルジン

Виктор Степанович Черномырдин

1938～2010

　ヴィクトル・ステパノヴィチ・チェルノムィルジン。

　ソ連崩壊直後の1992年、ロシア連邦の首相に任命されたこの人物の名前を初めて聞いたときのことを、いまだによく覚えています。

「なんだこの複雑怪奇な名前は！」

　ニュースキャスターもあからさまに読みづらそうでしたし、私などは、

「外交官が名前を言い間違えて、日露関係に亀裂が入ったらどうするのだ！」

　と、**外交への悪影響すら勝手に懸念**したものでした。

　もっとも、ロシアのトップはあくまで「大統領」であり、首相はその下。メドヴェージェフ大統領時代にプーチン首相のほうが目立っていたのは例外中の例外で、首相は本来、それほど表舞台に出てくることはない立場。

　おかげでこの長ったらしい名前が日本人を困らせる機会は、それほどありませんでした（たぶん）。

　もっとも、ソ連崩壊直後のロシアは、アル中で公式の場ですら酔いどれていたエリツィンが大統領だったこともあり、経済通の彼が果たした役割は非常に大きかったと言われます。

いきなり資本主義社会に放り出されたロシアの舵取りをするという大役を果たしたわけですが、金融危機を招いたり、国家権力と結びついた一部財閥が極端に肥大化するなどの弊害もあり、評価が分かれる人物でもあります。

1998年に首相を退いた後は駐ウクライナ大使を務め、その後は政府顧問をしていたようですが、2010年に亡くなりました。

ちなみに「チェルノ」（черно）とはロシア語で「黒い」という意味で、「チェルノブイリ」（Чернобыль）のチェルノと同じです。チェルノムィルジンの「ムィ」は、ブジョンヌィ元帥のところで出てきたウとイの中間音のような「ы」の母音ですが、チェルノブイリの「ブイ」もやはりこの音。そんなところも含め、なんとなく全体的な響きも似ています。

そういえば、チェルノムィルジンはずっとエネルギー関係の仕事をしてきた人物。超巨大ガス企業であるガスプロムの初代社長でもあります。つまり、専門は原子力ではなく天然ガス。惜しい！（何が？）

ともあれ、私はこの「チェルノムィルジン」という名前を聞くたびに、巨大タービンが**「ムィーン」と音を立ててぐるぐる回っている**ような妙なエネルギーを感じるのですが、どうでしょう？

👉 発音のコツ

当時多くの人がこの名前をひと息では発音できず、「チェルノム・イルジン」と区切って読んでいましたが、これは明らかな間違い。「ムィ」で一つの母音なのです。アクセントもここにつくので、最初の「チェ」は「チ」となります。「チルナムィールジン」と発音すると、それっぽいです。

うっかりさんな元人気者
ゴルバチョフ

Михаил Сергеевич Горбачёв
1931〜

　最近はほとんどお見かけしませんが、一時期のこの人の人気はそりゃあすさまじいものでした。

　もう誰も覚えてないと思いますが、「ゴルビーのパイプライン大作戦」なんていうゲームも出てたくらいです。**なぜか空から大量に降ってくるパイプをくっつけて、モスクワと東京の間にパイプラインをつなぐ**、というシュールなゲームでした（まぁ、あのゲームは当時の人間から見ても暴走気味でしたが）。

　鉄のカーテンに閉ざされたソ連の政治家でありながら、「話が通じそうな人」という印象がギャップを生み、それが人気につながったこともあるでしょう。でも、この人のゴツゴツした名前の響きも人気の要因のひとつではなかったかと、私は勝手に踏んでいます。

　「ゴルバチョフ書記長の子小ゴルバチョフ書記長」なんて早口言葉が生まれたくらい、この名前は当時の日本人に強いインパクトを与えたからです。

　正式にはミハイル・セルゲーヴィチ・ゴルバチョフ。例のロシア語の複雑怪奇な発音ルールにより、「ガルバチョーフ」と

いうのがより近い発音になります。

　ロシア南部スタヴロポリ地方の農村の出身。子どものときから成績優秀で、村の人々はそんなミハイル少年をモスクワの大学に行かせるためにカンパをして資金を集めた、という美談を聞いたことがあります。

　その後も順調にソ連内部で出世を続け、トップになってからは、ペレストロイカ、グラスノスチなど斬新な政策でソ連の再興を図り、**その結果としてソ連を消滅させる**ことになりました。**あれ？**

　そんなうっかりさん属性のために、今でも評価が分かれるというか、ロシアではむしろあまり人気がないのが現状のようです。

　ちなみに、彼の苗字の由来である「ゴルバーチ」という語の意味は、「せむし男」です。つまり、わりと**放送コードギリギリの言葉を、我々は連呼していた**わけです。あ、ひょっとしてロシア人があまり彼のことを語りたがらないのは、そのせいか？

　ともあれ、日本では放送コード云々と言われることもありませんので、思う存分ロシア人らしいごつごつした名前を楽しんで発音してみてください。

☛ 発音のコツ

ロシア語のアクセントの位置は単語によってバラバラですが、ゴルバチョフの「チョ」のように、小さい「ョ」(yo)を表す「ё」という文字が出てきた際は、絶対にそこにアクセントがつくルールがあります。覚えておくと便利ですが、実際に便利だなぁと思う機会はほとんどないでしょう。

声に出してはいけないあの人
スターリン

Иосиф Виссарионович Сталин

1879～1953

　あれは学生時代のロシア語の授業のときのこと。ロシア人の先生が、
「ロシア人の名前を誰でもいいから挙げてみて」
　と言ったのに対し、空気を読まないことで名高かった同級生Ｔ君が真っ先に、
「スターリン！」
　と言ったときの教室の静まり返った空気と、先生の苦虫を嚙み潰したような顔が今でも忘れられません。**自重しろＴ君。**
　まぁ、ことほど左様にヨシフ・ヴィッサリオーノヴィチ・スターリンという名前は、ロシア人に複雑な思いを抱かせるようです。
　あと、Ｔ君はもうひとつ間違いを犯していました。
　それは、「スターリンはロシア人ではない」ということ。本名はジュガシヴィリといって、コーカサス地方にあるグルジア出身のバリバリのグルジア人。たしかに、よく見てみればロシア人とは微妙に顔だちが違う感じを受けます。
　実はスターリンというのはペンネームというか、「革命ネーム」なのです。ちなみにレーニンもトロツキーも革命ネーム。

ちょっとした**集団中二病**だったんでしょう。

革命家として頭角を現し、レーニン亡き後のソ連で実権を握ってからは恐怖政治を敷き、大粛清を行い、第二次世界大戦で多大な犠牲を出しながらもなんとかドイツに勝ち、死後、一転して批判にさらされることになるスターリン。その人生を振り返る紙幅はとてもありません。ということで、あくまで名前だけについて語ります。

語源の「スターラ」は「鉄」。つまり、鉄の人だからスターリン。強固なまでに冷徹な彼の人物像にふさわしいとしかいいようがありません。

ただ、私は以前見た、スターリンが若い頃に最初の奥さんを亡くしたときに撮られた、憔悴しきった彼の写真のことが忘れられません（『スターリン秘録』などに載ってます）。

実際、その頃からスターリンは冷徹になった、という説もあるようです。独裁者は別に、最初から独裁者であったわけでもないのでしょう。

ともあれ、『声に出して読みづらいロシア人』というこの本ですが、発音というのとは別の意味で、「読みづらい」人もいるわけです。

あまりロシア人の前で口にしないほうがいいです。

たぶん、今でも。

☛ 発 音 の コ ツ

珍しく癖のない音だと思ったらペンネームだというのだから、本来のロシア語人名の
めんどくささがわかるというもの。ちなみに本名の「ジュガシヴィリ」の「ジュガ」というのは、
古いグルジア語で「鉄」という意味だとか。なんだ、そのまま翻訳しただけなのか。

---

column 2

ロシア人の苗字の仕組み1

　ロシア人の苗字は大きく「オフかエフで終わる苗字」「インで終わる苗字」「スキーで終わる苗字」の三つに分けられます。

　ロシア人が苗字をつける際、一番手っ取り早いのは親や祖父、先祖の名前を姓にすることでした。たとえば「イワン」なら「イワノフ」、「ミハイル」なら「ミハイロフ」という具合。「アレクセイ」などの場合は「エフ」に変化し、「アレクセーエフ」となったりします。

　また、職業やあだ名を苗字にすることも。英語のスミスは「鍛冶屋」ですが、ロシア人にも「クズネッツ」（鍛冶屋）を語源とする「クズネツォフ」という苗字があります。あるいは「ネクラース」（きれいじゃないやつ）で「ネクラーソフ」という、ご先祖様の不美人っぷりがしのばれる苗字も。いいのかそれで。

　その際、元の単語がaで終わる単語（女性名詞）の際には、aがinに変化します。「イン」がつく苗字はそうしてできたもの。たとえばロシア文学の父と呼ばれる作家・プーシキンは「プーシカ」（大砲）から転じたもの。先祖が無鉄砲な人だったのでしょうか。

　そして最後がおなじみ「スキー」です。これは「場所」。自分の領地や出身地に「スキー」をつけて苗字にしているわけです。「ハバロフスク」や「ムルマンスク」など、「・・・スク」がつく地名も、理屈は同じです。

　これがわかると、ロシア人の苗字の語源探しができるようになります。意外な語源が見つかったりして、けっこう面白いです。

第3章
宇宙へ行ったり、空を飛んだり

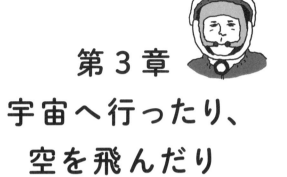

宇宙飛行士、野球選手など

人類初の宇宙飛行士
ガガーリン

Юрий Алексеевич Гагарин
1934〜1968

　そもそも名前の最初が「ガ」という時点で渋いのに、そこにもう一つ「ガ」をつけてしまうところがいかにもロシア人の名前という感じです。

　彼が世界初の宇宙飛行士に選ばれたのは、その名前のインパクトと無縁ではなかったのではないかと、私は信じてやみません（ちなみに彼と最後まで宇宙飛行士の座を争った人の名前は「チトフ」。これはこれで**小物感あふれる秀逸な苗字**ですが、ガガーリンにはとてもかないません。あ、チトフさんはとても優秀な人です）。

　ソ連の宇宙飛行士、ユーリー・アレクセーヴィチ・ガガーリン。**「地球は青かった」と言ったとか言わなかった**とかいう、あの人です。

　1934年生まれ。もともとは工業学校で学んでいましたが、そこで飛行機の魅力に取りつかれ、パイロットになるべく空軍へ。そこで今度は宇宙飛行士に選抜され、1961年に「ボストーク」に乗り人類初の宇宙飛行を達成した人物です。その快挙により一躍、世界的な名声を得ました。

　コラム（P.28）でも述べたように、ロシア人の苗字の作り方

のうち、母音「a」で終わる単語の場合は、「a」を「in」に変えます。たとえば「プーシカ」（大砲）→「プーシキン」、「スタルハ」（おばあさん）→「スタルヒン」という感じ。

　というわけでガガーリンの語源は「ガガーラ」で、なんか海鳥の名前らしいです。

　どんな鳥か知りませんが、**ガーガー鳴く鳥**なんでしょう、きっと。

　宇宙から、ザーザーいう無線を介して「ガガーリン」がガーガーと通信をする……あ、ひょっとして**このネタのために彼を選んだのか、ソ連宇宙局⁉**

　ただ、元々は宇宙の専門家というより「あまり背が高くない、頑健なパイロット」という理由で飛行士に選抜され、なんだかわからないままに「人類初の宇宙飛行士」と祭り上げられたガガーリン。一時は精神的に不安定になったこともあったそうです。

　その後回復し、本格的に宇宙の勉強をしようとした矢先、事故死。

　ある意味ソ連時代を代表する、劇的で悲劇的な人です。

☛ 発 音 の コ ツ

発音は非常に素直。あえて言えば、ロシア語の「r」（р）は巻き舌の r なので、「ガガーゥルィン」という感じになります。ちなみに巻き舌の r は、江戸っ子が「べらんめい」と言うときの「ら」という説明がよくなされますが、実際にこのセリフを聞いたことがある人、いるのだろうか。

ロケットの父

ツィオルコフスキー

Константин Эдуардович Циолковский
1857〜1935

ソ連時代というのはある意味面白い時代で、共産圏でしか通用しない「世界初」が、いろいろあったそうです。

飛行機を世界で最初に発明したのはライト兄弟ではなくロシア人の誰それ、電話やレコードを発明したのもロシア人の誰それ、といったことが大真面目に教えられていたとか。

ソ連で学生時代をすごした私の大学の恩師は、初めて日本に来たとき、「**ライト兄弟って誰？　エジソンって何？　うまいのか？**」という感じだったそうです。

ソ連崩壊とともに、そんな「ソ連的には世界初！」な人々の権威もガラガラと崩壊してしまったのですが、もちろん、本当に世界初の人は残ります。

そんな一人が、「ロケットの父」「宇宙旅行の父」などと呼ばれるコンスタンチン・エドゥアルドヴィチ・ツィオルコフスキーです。ロシア人の長い名前に慣れてきた私でもこう思います。**いくらなんでも長すぎるだろ、おい。**

彼自身は帝政時代の人であり、実際にロケットを飛ばしたわけではないので、正確には「宇宙ロケットの理論を作った人」という位置づけです。

我々がよく見る、何機ものエンジンが同時にボワーっとなり、

途中でパッと切り離されて先っぽだけが飛んでいく、というあの「いかにもなロケット」の理論を作ったのが、彼なわけです（文系人間が書いている手前、**極めて非科学的な表現**が多用されていることをお詫びします）。

もっとも当時は、それほど注目されることのない地味な一研究者でした。

それがロシア革命が起き、ソ連が誕生すると一転、評価が高まったのです。ロケット技術は軍事転用が容易にできる、という背景も、もちろんあったでしょう。

実際に宇宙ロケットを完成させたのは、ロシアではセルゲイ・コロリョフ、アメリカではヴェルナー・フォン・ブラウン（ドイツ人）という人物。本当の意味では、彼らこそ「ロケットの父」と言うべきなのかもしれません。

ですが、「ツィオルコフスキー」という複雑な名前と、コロリョフ、ブラウンとでは、もう**名前だけで格が違う**と言わざるをえません。

どっちの格が上でどっちが下なのかは、正直よくわかりませんが。

☞ 発音のコツ

アクセントは「コ」なので、「ツィアルコーフスキィ」。「ツァ」とか「ツィ」とかいう音も
ロシア語には出てきがち。この音を表すのにラテン・アルファベットでは「ts」と二文字が必要ですが、
ロシア語では「ц」という専用の文字があるので一文字で表せるのです。省エネ。

マンガのような最多勝投手

スタルヒン

Виктор Константинович Старухин

1916～1957

　古くからの野球ファンはもちろん、子どものころに野球の本を読み漁ったりした人はみな、「スタルヒン」の名前を知っていることでしょう。

　プロ野球名鑑の「記録」のページを見ると、とくに太平洋戦争直前あたりの「最多勝」のところに、**智辯和歌山なみ**にズラーッとこの人の名前があるからです。

　しかも1939年の成績ときた日には、「42勝15敗」。

　今ではシーズン20勝すればすごい投手だと言われるのですから、マンガの主人公みたいな活躍っぷりです。**お前は『巨人の星』の登場人物か。**

　この人が元々日本人でないであろうことは名前を見ればすぐにわかりますが、ロシア系の人物であることは、あまり意識されていない気がします。本名ヴィクトル・コンスタンチノヴィチ・スタルヒン。白系ロシア人と呼ばれる、ロシア革命から逃れて日本にやってきたロシア人の子どもで、当時の日本や満州にはけっこう多かったそうです。

　今、残っている写真を見るとどこからどう見ても西洋人。身長も190センチ以上あったようですし、当時の野球人たちが**「なんでガイジンがいるんだ、おい」**とか言っている姿が目に

034

浮かびます。

　彼自身はロシアで生まれるも、幼くして日本に移り住み日本で育ったため、日本語もペラペラでした。旧制旭川中学ではエースとして活躍し、その後上京しプロに。ただ、亡命者の息子ゆえに苦しいことも多かったようです。

　日本国籍は得られず、とくに太平洋戦争中は名前を日本人ふうに変えさせられ、軟禁状態に置かれていたそうです。その名も「須田博」。「スタルヒン」→「スダヒロシ」……誰が考えたのか知りませんが、呂比須ワグナーに爪の垢を煎じて飲ませたいほど、絶妙な日本語化です。

　戦後はピークを過ぎていたとはいえ、多くの球団で活躍。そして引退後、のんびり余生を過ごせるかと思った矢先に自動車事故で死去。

　悲劇的というか、ドラマチックな一生でした。

　ちなみにスタルヒンという名前は、スタルーハ（老婆）から来ていると思われます。

　そのイメージに引きずられてなのか、大きな背中をかがめながら、なんだか窮屈そうに戦前の日本を渡り歩く彼のイメージが私のなかにあります。

　そういう意味では球場は、唯一のびのびと背筋を伸ばせる場所だったのかもしれません。

☞ 発音のコツ

「スタルーヒン」となります。「ヒ」（хи）は、前にも出てきたようにkとhの中間のような音。モンゴル語の「チンギス・ハーン」の「ハーン」がまさにこの音。彼のことを「チンギス・カン」ということがあるのは、まさにこの音がハともカともどっちとも取れるからでしょう。

スト II にもロシア人
ザンギエフ

Виктор Зангиев

　私の中学〜高校生時代だから、だいたい 1990 年前後。おそらく当時の中高生たちの間でもっとも有名なロシア人（当時は「ソ連人」）は「ザンギエフ」でした。

　えーと、実在の人物ではありません。

　格闘ゲーム「ストリートファイター II」の登場人物で、ニックネームは **「赤きサイクロン」**。超マッチョな肉体を駆使していかにもソ連っぽい無機質な工場のなかで戦い、グルグル回転しながらパイルドライバーをきめたり、ラリアットしながら敵の飛び道具をすり抜けたり、**勝ってゴルバチョフっぽい人と一緒に筋トレしたりする人**です。

　知らない人にはまったくわからないかと思いますが、まぁ、そんな人です。

　後に本格的にロシア語を勉強するようになり、当然「ザンギエフ」について調べましたが、そんな人名は見つかりません。この苗字が実在するなら、語源となる語は「ザンギー」とか「ザンギャ」。でも、そんな単語も見つからず。

　「なんだ、適当にロシアっぽい名前をつけたのか」と、当時は思っておりました。

　モデルになった（と思われる）人物がいたことを知ったのは、

つい最近です。「ビクトル・ザンギエフ」なるプロレスラーが実在したのです。

ソ連崩壊前の混乱のなか、稼ぎ口がなくなったロシア人レスラーが、日本に出稼ぎに来ることがあったようです。そのひとりがこのザンギエフさんだったようで、プロレスファンにはそれなりに知られた人物だったようです。

その後どうしたのか、気になって調べるも消息はつかめず。

ロシア語のサイトをあちこち捜し歩いてわかったのは、「1959年生まれで、父親も有名なレスリング選手。やはりレスリング選手となり、ヨーロッパチャンピオンになる」ということのみ。

ちなみになぜ語源がわからなかったのかというと、彼は実はオセチア人（コーカサスに住む民族）で、「ザンギエフ」の語源もきっと彼らの言語のオセット語かと思われます。

彼の出た試合を「ストリートファイターⅡ」開発関係者のプロレスファンが見かけて、**名前を勝手に拝借した**、ということなんでしょう。

それが日本でこんなに有名な名前になっていること、彼は知っているのでしょうか。今年56歳、普通に考えれば、まだお元気なはずですが……。

☛ 発音のコツ

アクセントは「ギ」につくようなので、「ザンギーエフ」なのですが、
この人に関してはもう、「ザンギエフ」(zangiefu)でいいのではないでしょうか。
ちなみにオセチア人の話すオセット語は、ロシア語よりペルシャ語に近い言語だそうです。

037

銃を作って辛口な人生
カラシニコフ

Михаил Тимофеевич Калашников

1919〜2013

　名前は聞いたことがある方が多いと思います。有名な「カラシニコフ銃」の開発者です。

　私はわりと最近までずっと、この人が銃ではなく化学兵器(マスタードガス)の開発者だと勘違いしてました。どうも、「**マスタード＝カラシ**」という印象に引きずられていたようです。**それ日本語だろ。**

　ミハイル・チモフェーヴィチ・カラシニコフは、1919年、革命直後のソ連に農民の子として生まれました。

　小さい頃から機械いじりが好きで、第二次大戦勃発後は徴兵され戦場に行ったのですが、そこでも銃を自分で改造したりして注目を集めました。

　その後本格的に武器エンジニアの道に進み、彼の設計した銃はコンペで一位を獲得。正式にソ連軍に採用されることになります。

　これがいわゆる「カラシニコフ銃」で、その武器としての性能と壊れにくさにより、旧共産圏を中心にまたたくまに広がっていったのです。

もっとも彼自身は根っからのエンジニア気質で、そんな栄誉に酔うこともなく、その後もごく普通のエンジニア人生を送っていたのでした。

そんな彼を、運命の変転が襲います。

まず、ソ連邦が崩壊。

そして、丈夫で性能のいいカラシニコフ銃はテロリストにも愛用され、いつの間にか「テロリストの銃」というイメージがついてしまっていたのです。

彼自身は何度もこうしたテロを非難する声明を出しつつも、自分が開発した銃がテロリストに使われていることに対する苦悩もあったようで、ロシア正教の主教に悩みを告白したこともあるそうです。

一方で、ソ連時代にも入党しなかった共産党へ、ソ連崩壊後になって入党。自分の歩んできた道が正しかったことを再確認したい、という思いでしょうか。

なんにしても、**カラシニコフだけに辛口な人生を歩んでいる**なぁ、と思ったものでした。

そんな辛口な人生が味わえる『カラシニコフ自伝』(朝日新書)は名著なのでぜひ。

👉 発音のコツ

「カラーシュニカフ」という音が近いかと思います。「シュ」の音は「ш」という字を書きますが、日本語や英語で「シュ」「sh」と発音するときより、舌を奥に引いてこもったような音を出すのがポイントです。「カラー」を高らかに、「シュニカフ」はくぐもった感じで。

哀しき宇宙飛行士

コマロフ

Владимир Михайлович Комаров

1927～1967

　日本のロシアに関する報道や記事を見ていて、**大多数の人にとっては別にどうでもいい**けれど、ロシアマニア的にはどうしても許せないことがあります。たとえば、「ウラジーミルというロシア人名を、ウラジミールと書くな！」ということです。

　ウラジーミル・レーニン、ウラジーミル・ナボコフ、ウラジーミル・プーチン、あくまでアクセントは「ジー」です。なのに、報道などでも普通に「ウラジミール」とか書いてあったりします。たしかに英語だと「ミー」にアクセントがつきますし、同じスラヴ系の言語でもチェコ語などでは「ウラジミール」らしいのですが、ロシア語のアクセントはあくまで**「ジー」です、ジー**。

　まぁそれはそれとして、先ほど挙げたウラジーミルさんは有名すぎる人ばかりなので、ここでは、あまり知られていないウラジーミルさんを。宇宙飛行士のウラジーミル・ミハイロヴィチ・コマロフさん。有人宇宙船ソユーズ１号のパイロットです。

　1967年は、ロシア革命50周年の年。当時のソ連のトップだったブレジネフは、なんとしてでもこの年にソユーズを飛ばすよう厳命していました。

　今でこそ「世界でもっとも安全性の高い宇宙船」などと言われるソユーズですが、この時点でのソユーズ１号は完成にはほ

040

ど遠く、無人の試験飛行はことごとく失敗。しかも、その欠陥が十分に改善されていないにもかかわらず、有人飛行が決行されることになったのです。

コマロフのバックアップ（控えの飛行士候補）は、あのユーリー・ガガーリンでした。自分が逃げたら、親友であり、すでに全世界的な有名人だったガガーリンを死なせることになる。コマロフは最初から、死を覚悟していたそうです。

一方のガガーリンも、親友を救うべくあらゆる手を尽くし、それがかなわないとなると、発射直前に宇宙服を着て「俺を乗せろ」と暴れた、という話もあるとか。

そうして打ち上げられたソユーズ1号は、案の定数々のトラブルに見舞われ、コマロフの必死の努力でなんとか大気圏への突入に成功したものの、着地に失敗。有人宇宙飛行史上、初の犠牲者となってしまいました。

そしてガガーリンもまた、その翌年の 1968 年に、飛行機での訓練中に事故で亡くなりました。

それだけに「国家に無理を押しつけられて、**コマルからコマロフ**」とか思われそうですが、その語源はなんと「**蚊**」。そんな名前に負けず、ずいぶんと高いところまで飛んだ人生だったと思います。

👉 発音のコツ

今まで出てきた中でもっとも癖のない音でしょう。アクセントは「ロ」なので、「カマローフ」となります。「ウラジーミル」の「ジー」は英語表記だと「di」なのですが、「ti」のときと同じく、「ディ」と言うより「ジ」と言ったほうがロシア語っぽくなります。

---

column 3

ロシア人の苗字の仕組み2

「オフ・エフ」「イン」「スキー」のほか、アブラモヴィチなどの「ヴィチ」もまた、ロシア人に典型的な苗字だと思われていると思います。ですが、ロシア人にとって「ヴィチ」とはあくまで「父称」に使われるものであり、本来は姓にはつきません。

ただ、ポーランド人やセルビア人など、他のスラヴ系の民族にはこうした苗字があります。つまり、「ヴィチ」系の苗字は、他のスラヴ系民族にルーツを持つことが多いのです。

他にも、たとえば「キリエンコ」「ドロシェンコ」など、最後に「コ」あるいは「エンコ」という苗字を持つロシア人も多いですが、これはウクライナ系やベラルーシ系。ソ連時代の強面の外務大臣として知られ、国際会議の場でなんでも反対することから、「ミスター・ニェット」と呼ばれたアンドレイ・グロムィコも、出身地は現在のベラルーシです。

ちなみに紛らわしいのが、旧ソ連の中央アジアの国々の人の名前。「マフメドフ」とか「アリエフ」とか、一見ロシアふうの苗字でも、実は「マフメド」「アリ」などといったもともとの名前をロシアふうにしただけ、ということが多々あります。

また、「ミコヤン」など「ヤン」がつくのはアルメニア系、「サーカシヴィリ」など「シヴィリ」ならグルジア系です。

ソ連時代に一つの国だったこともあり、意外と多民族国家なロシアですが、苗字で出自がわかることも多いのです。

第4章
ときにはメロディー
に乗せて

作曲家

突っ込みどころの多いお名前

ショスタコーヴィチ

Дмитрий Дмитриевич Шостакович

1906〜1975

　ロシア語を勉強し始めてから 10 年以上もたつと、最初は戸惑いの連続だったロシア語の響きにも、すっかり慣れっこになってしまいます。それにより、返す返すも残念だなぁと思うことがあります。「ショスタコーヴィチ」という名前の響きの素っ頓狂さが、もはや十分には味わえなくなってしまったことです。

　ドミートリー・ドミートリエヴィチ・ショスタコーヴィチ。

　この名前を初めて聞いたとき、たしかに自分は「なんだこりゃ」と思ったはず。

「ヒョットコ」と、「スットコドッコイ」が合体したような奇妙な響き。

　江戸っ子が、「べらんめい。この、ショスタコが！」とか言って若い衆を怒鳴りつける様子が、目に浮かぶようです。

　ご存じの方も多いとは思いますが、ショスタコーヴィチはソ連時代に活躍した作曲家。自由に曲を作ってはソ連当局ににらまれ、今度は社会主義万歳の曲を作り、名誉回復したらまたもや怪しい曲を作ってにらまれ……そんな綱渡りな人生を歩みつつ、ソ連時代を生き抜いた偉大な作曲家。

　そんな危なっかしい時代に、「革命」の愛称（正式なもので

044

はない）で知られる第五番や、包囲下のレニングラードで完成された第七番など交響曲を 15 曲も残し、そのほかにも膨大な作品を残したのだから、たいした人です。ロシアではもちろん、西欧での評価も非常に高く、多くの指揮者やオーケストラが彼の作品をレパートリーにしています。

ところで、ショスタコーヴィチという響きに幻惑され、前半の「ドミートリー・ドミートリエヴィチ」の部分がスルーされがちですが、ここも十分、突っ込みポイントです。

「どんだけドミートリーが好きなんだ！」 という感じですが、コラム（P.16）でも述べたように、この二つ目のミドルネームに当たるところは「父称」と言って、お父さんの名前に息子を表す「ヴィチ」を付けたもの。つまり、「ドミートリーさんの息子のドミートリーさん」ということになります。

まあ、結局「やっぱりドミートリーが好きなのか！」という感じではありますが、ショスタコーヴィチ自身は息子に「マクシム」という名をつけることで、**ドミートリーの連鎖**を断ち切っています。

交響曲ばかりが注目されがちなショスタコーヴィチですが、私が好きなのはむしろ弦楽四重奏曲集。

暗くて、美しくて、でもどこかひねくれたような響きです。

👉 発音のコツ

「コ」にアクセントがくるので、最初の「ショ」は「シャ」になり、「シャスタコーヴィチ」という感じになります。江戸っ子っぽさがちょっと薄れるのが残念です。「ヴィッチ」とはっきり発音せず、「ヴィチ」と「チ」を消え入るように発音するとよりそれらしくなります。

名実ともにエキセントリック
ムソルグスキー

Модест Петрович Мусоргский
1839〜1881

　ロシア音楽史を語るうえで必ず出てくる「五人組」というものがあります。正確には「ロシア五人組」。

　西洋的な音楽を追求した（にもかかわらず、どうもロシアっぽさが抜けなかった）チャイコフスキーに対して、彼ら五人組はあえて反西欧のロシアらしい音楽を追求しようとした人たちです。**五人組といっても、別に連帯責任を取らされるわけではな**く、同じような志を持つ作曲家たちの緩やかな連帯みたいなものだったようです。モノマネ四天王みたいなものか。違うか。

　さてこの五人組の中で、ひたすら（名前的に）異彩を放っているのが彼、モデスト・ペトローヴィチ・ムソルグスキーです。

　1839年に地主階級の家に生まれ、ペテルブルグで役人として働きながら音楽活動を展開。バラキレフやキュイといった仲間たちと合わせて「五人組」と呼ばれましたが、反西欧を掲げる五人組の中でももっともひたむきに「ロシアらしさ」を追求しようとした作曲家です。

　そして、**非常にロシアらしくアル中になり**、精神を病んで奇行・妄言を繰り返すように。名前だけじゃなく、実際

にもなかなかエキセントリックな人でした。実家の没落も彼の精神に影響を与えたようです。見かねた五人組のメンバーの援助にもかかわらず（あれ、やっぱり連帯責任だったのか、五人組）、40歳そこそこで帰らぬ人となりました。

　アクセントははじめにくるので、発音は「ムーソルグスキー」。現地の人の発音を聞くと「グ」はあんまり聞こえない。すると「ムーソルスキー」となるので、多少はゴツゴツ感が緩和されます。

　ま、ロシア語で「ムーソル」って、「ごみ」って意味なんですけどね（たぶん、語源的には関係ないですが）。

　生前はあまり報われなかった彼ですが、どちらかというと死後、有名になりました。

「展覧会の絵」というピアノ曲は、フランスの作曲家ラヴェルがド派手なオーケストラ曲に編曲したことで有名になり、「禿山の一夜」は**そのあまりの狂いっぷりが、恐怖シーンを表すのに最適**だと映画の BGM としてひっぱりだこになり、オペラ「ボリス・ゴドゥノフ」は、非常にロシアっぽいオペラとして、ロシア情緒を味わいたいオペラファンの支持を受けています。

　死後、拾い上げられたムソルグスキーの曲。**これがほんとのごみ拾い……**いや、さすがに不謹慎でした。すいませんすいません。

☛ 発音のコツ

　「ムーソルグスキー」と書きましたが、「子音が重なるときは、一番最後の子音に引きずられる」というルールがあるため、真ん中の子音の塊「rgsk」のうち、「g」が「k」となり、「ムーサルクスキィ」となります。こうなると逆に「ムサクルシイ」という字面に見えてしまうという悲しさ。

047

人生はスタートダッシュ
ストラヴィンスキー

Игорь Фёдорович Стравинский
1882〜1971

　もっともかっこいいロシア人の名前は何かと聞かれたら、後述する「ソルジェニーツィン」とこの「ストラヴィンスキー」の間で死ぬほど悩むと思います。まぁ、**たぶん一生聞かれることはないと思いますが。**

　イーゴリ・フョードロヴィチ・ストラヴィンスキー。疾走感ある素晴らしい名前です。
「春の祭典」「ペトルーシュカ」などのバレエ音楽で、20世紀音楽の幕を開いた人物として有名な作曲家です。とくに1913年に行われた「春の祭典」の初演は、そのあまりの斬新さに会場は怒号に包まれ、**観客同士が殴り合いのケンカをする**というほどの大混乱に。音楽史の一大事件として有名です。

　NHKスペシャルに「映像の世紀」という名番組があり、しょっちゅう再放送されているので知っている人も多いかと思うのですが、このオープニング映像は、加古隆の渋い音楽にあわせて20世紀の重大事件や人名が現れては消える、というものになっています。

　ここで、「ヒトラー」とか「冷戦」とかの合間に、画面を横切るように馬鹿でかく**「ス・ト・ラ・ビ・ン・ス・キ・ー」**とい

う文字が現れるのですが、これは笑えます。**完全にネタ扱いです、彼の名前**。ぜひ見てみてください。

　さて、むしろ「事件」として有名な「春の祭典」ですが、実際に聞いてみると紛れもなく名曲です。そして、目が覚めるような不協和音や、原始人が火を囲んで踊っているような独特なリズム（見たことありませんが、原始人。**イメージはあくまで「ギャートルズ」です**）など、今聞いても「かなり攻めてるな」感が伝わってきて、これはたしかに当時の人は受け入れがたかったろうと思います。ストラヴィンスキーの若さがさく裂しており、まさに「中二病音楽」という感じです。

　もっとも、実はストラヴィンスキーはけっこう長生きしました。亡くなったのは 1971 年。もちろん生涯にわたって作曲活動は続けていましたが、1910 年代初頭に相次いで発表された俗に言う三大バレエ（「春の祭典」「火の鳥」「ペトルーシュカ」）以外は、今ではあまり演奏されることもなくなってしまっています。

　他の作曲家が徐々に円熟の境地に達し、傑作を生み出していくのとは対照的。

　人生の序盤で全力のスタートダッシュ。そして、あとはまぁ適当に。そんなところも、ストラヴィンスキーというスピード感ある名前に似合っていいのかな、とか思わなくもありません。

☞ 発 音 の コ ツ

実はこの名前、こんなに長いのに三音節（「stra」「vin」「skii」）です。つまり、「ヤマダ」「タワシ」とかと音節数は一緒なわけです。子音が連続するほかは、とくに難しい発音もありませんので、「ストラヴィーンスキィ！」と、勢いよく一気に発音してみてください。

ああ、ロシアに帰りたい
ラフマニノフ

Сергей Васильевич Рахманинов
1873〜1943

　ロシアの作曲家・ピアニストであるセルゲイ・ヴァシーリエヴィチ・ラフマニノフの曲が、最近、若い女性に意外と人気らしいです。とくにピアノ協奏曲第二番、第三番あたりは、聞いたら「ああ、あれか」というほど、しばしば耳にしているはず。

　このラフマニノフさんですが、帝政ロシア時代の1873年に生まれ、作曲家として活動を開始するも、なんかいろいろな人に曲を批判されて自信喪失に陥り、精神科医の助けを借りてなんとか自信を取り戻したという繊細な方です。

　まぁ、晩年のトルストイにも批判されたというから、無理もないかもしれません。某元都知事作家もそうですが、人は年を取ると周りの人を無差別に批判したくなるものなのでしょうか。

　ロシア革命後は亡命し、一オクターブ半まで広がるというばかでかい手を駆使してピアニストとして活躍するも、作曲家としてはやっぱり評価されず、**「過剰に装飾的」**みたいに言われたりしたそうです。生前の彼はあくまで、亡命先のアメリカではピアニストでした。

　もっともその過剰なまでの装飾というか、ロマンチシズムみ

たいなものが、今になって**ナウでヤングなモダンガールたちの心をつかんでいるのでしょう**。よく知りませんが。

それはともかく、本書の趣旨である「言いにくさ」の点から見たとき、特筆すべきはやはり、この字面の読みづらさでしょう。発音もさることながら、同じようなカタカナが続くことが問題。**どれもこれも「フ」っぽい**のですよ、見た目が。

ラフニマノフ

ラフマノニフ

どうですか？　微妙に文字を入れ替えてるのですが、間違いに気づきましたでしょうか。疲れていたら、

ラフフノフフ

でも、普通に「ラフマニノフ」と読んでしまいそうです。

ちなみにラフマーニーとは「陽気な」という意味とともに「不器用な」という意味もあるようです。あまり陽気でもなかったし、ピアニスト的にはむしろ器用な人でしたが、生き方はわりと不器用な人だったようです。

1943年、亡命先のアメリカで死去。ロシアに埋葬してほしいと言っていたそうですが、かないませんでした。

ちなみに私は彼のピアノ協奏曲を聞くと、ロシアの森を思い出します。ロシア好きが聞くと、やっぱりあれは紛れもなく、ロシアっぽい曲です。帰りたかったんだろうなぁ。

☞ 発音のコツ

二文字目の「フ」は「f」ではなく、例の「kh」（x）の音。「ラフ」で喉にぐっと力を入れて一度口ごもり、
「マーニナフ」と解放する感じ。「ラッ…マーニナフ」という感じでしょうか。
字面が読みづらいだけでなく、発音もしにくい名前なのです。

ロシア語の厳しさを教えてくれる
リムスキー＝コルサコフ

Николай Андреевич Римский-Корсаков
1844 ～ 1908

　帝政時代のロシアの作曲家、リムスキー＝コルサコフ。

　クラシック初心者に受けがいい交響組曲「シェヘラザード」などの作曲者として有名なので、わりと名前を知っている人は多いはずです。

　でも、多くの人が間違っているのが、「リムスキー」も「コルサコフ」も苗字だということ。コルサコフ家のリムスキーさんじゃありません。

　フルネームはニコライ・アンドレーヴィチ・リムスキー＝コルサコフ。まさに「**どこが名前でどこが苗字なんだ**」という突っ込みがふさわしい、クラシックの初心者受けが悪いであろう長ったらしい名前です。

　1844年にサンクトペテルブルグの近くのチフヴィンというところで生まれ、軍人であった父親の影響で一度は海軍に入るも、好きだった音楽が忘れられず、海軍を辞めて音楽の道に。

　作曲家としても活躍したのですが、どちらかというと「ペテルブルグ音楽院の教授」という印象が強いです。

　ペテルブルグ音楽院はロシア最高峰の名門音楽学校で、ストラヴィンスキーやチャイコフスキーなどを輩出。そのため、彼らの伝記などに、先生としてしばしば彼の名前が出てくるので

す。

　また、同じ「五人組」の友人であり、早世したムソルグスキーの未完の作品を完成させたりしたことでも有名。名脇役、といった風情の人物で、**ロシアの地井武男と呼ばれている**そうです。**嘘です。**

　私もこの人に教わったことがあります。それは「ロシア語の厳しさ」です。

　ロシア語は語尾を変化させることで「○○の」という所有を表すことができ、通常は「a」を語尾につけます。「プーチン（Путин）さんの」なら「プーチナ」（Путина）です。

　それを、こうしたダブルネームの人にはいちいち両方につけねばならないのです。

　つまり、「リムスキー＝コルサコヴァ」ではなく、「リムスカヴァ＝コルサコヴァ」になるということ（ちょっと不規則変化が入ります）。

　これがロシア語初級の教科書にいきなり出てきて、**「ああ、こんなややこしい言葉覚えるのか。いやだなぁ」**と思ったものでした。

　もっとも、いまだにロシア語を続けているのは、最初に厳しくしてくれたおかげかもしれません。

　ありがとうございます、先生。

☞ 発音のコツ

ダブルネームだけにアクセントも両方につき、「リームスキィ・コールサカフ」となります。
ちなみに「リームスキィ」とは「ローマの」という意味。彼とローマとの関係は不明ですが、
ひょっとしたら「ローマ帰りのコルサコフ」という欧米アピールかも。自慢か。

---

column 4

ロシア人の名前と父称

「ドミートリー・ドミートリエヴィチ・○○」「ウラジーミル・ウラジーミロヴィチ・○○」……ロシア人の名前を複雑怪奇（ふくざつかいき）にしている諸悪の根源ともいえる「父称」。でも、これがないとロシア人が困る理由があります。ロシア語で敬称、つまり日本語の「さん」や英語の「Mr.」などの意を表したい際には、「名前と父称を一緒に呼ぶ」という決まりになっているからです。つまり、「ドミトリーさん」なら「ドミトリー・ペトローヴィチ」などとくどくどと言わなければならないという仕様なのです。

　もう一つ、「ロシア人の名前にはバリエーションが少ない」という理由もありそうです。そこらじゅうイワンとかセルゲイばかりで、名前だけでは区別がつきにくいのです。

　ロシア人名の多くはキリスト教の聖人の名前に由来しており、英語のジョン（ヨハネ）とかフランス語のピエール（ペテロ）、ドイツ語のパウル（パウロ）などと語源は一緒。それがロシア語になるとそれぞれ「イワン」「ピョートル」「パーヴェル」などとなるわけです。

　ロシア語（スラヴ語）由来の名前もあります。たとえば「スタニスラフ」「ムスティスラフ」といった「スラフ（栄光）」がつくタイプの名前や、女性名の「ナジェージダ（希望）」「リュボーフィ（愛）」といったもの。まぁ、何にしても長くなりがちというのが、ロシア語というものなのでしょう。

第5章
描いたり弾いたり踊ったり

画家、
演奏者など

編集者泣かせの演出家

スタニスラフスキー

Константин Сергеевич Станиславский

1863 ～ 1938

　私も編集の仕事をしているのでよくわかるのですが、カタカナというのは文字がどれも似ているので、間違いが探しにくくて困ります。

　とくに「フ」系とでも言いますか、「フ」「ス」「ヌ」「ラ」などは、要注意だったりします。そして、予想通りこれらの文字が多用されるのがロシア人の人名なのです。やれやれ。

　ただ、それでも限度というものがあると思います。その極北とも言うべきが、

「スタニスラフスキー」

　でしょう。まさに編集者泣かせの凶悪さ。**「フ」系文字含有率の高さは、先ほど紹介したラフマニノフと双璧**をなしています。

　コンスタンチン・セルゲーヴィチ・スタニスラフスキーは、主に帝政時代に活躍したロシアの俳優であり、演出家。演劇界ではかなりの有名人、だそうです（この世界をあまり知らないもので、適当な表現ですいません）。

　チューホフ劇で知られるモスクワ芸術座の創設者の一人。また、俳優の教育システムを確立させたことでも有名。

その名前のインパクトもあり、何のことかは知らなくても、スタニスラスフキー・システム（メソッド）という言葉を聞いたことのある人は多いでしょう。名前を聞いただけで、**「ああ、このシステムは複雑にちがいない」と直感がささやきます。**

まぁ、実際にスタニスラフスキー・システムが複雑かどうかはよく知らないのですが、スタニスラフスキー自身は、非常に気難しい感じの人だったとか。

彼が行ったことというのは、それまではわりと好き勝手にそれぞれの役を演じていたという俳優たちを「演出」し、教育システムまで作ってしまうということ。もっとも、だからこそ演劇という芸術は、一段上のレベルに達することができたのでしょう。

ただ、日本人が思っているほどには、ロシア人にとってこの名前は複雑ではありません。「スタニスラフ」というのは伝統的なロシア人の名前（苗字ではなく）の一つで、それに接尾辞の「スキー」がついただけという、意外と単純な作りなのです。**そのスタニスラフという名前自体が読みにくいというワナ**については、いかんともしがたいですが。

ちなみにこの文章のある一箇所、わざと「フ」と「ス」を入れ替えてます。気づきました？

☛ 発音のコツ

長いだけで、発音的にそれほど難しいものがあるわけではないのが救いといえば救い。
アクセントも入れると「スタニスラーフスキィ」です。コラム（P.54）で紹介したように、
「スタニスラフ」は純スラヴ系の名前。ちなみに本名はアレクセーエフ。わりと普通。

ロシアブームの仕掛け人
ディアギレフ

Сергей Павлович Дягилев
1872〜1929

　ロシア史を学んでいると、ロシアとフランスとの意外な結び
つきの強さに気づかされます。

　私の大学時代の恩師は、ロシア学者のくせにサバティカル(研
究休暇)でパリに行ったくらいです。「目当てはパリジェンヌか」
と当時はウワサしあったものです。

　そんなロシアとフランスの結びつきの象徴とも言える一大
ブームが、20世紀初頭のパリで起こりました。

　それが「バレエ・リュス」、直訳すると「ロシア・バレエ」。

　才能あふれるロシアの芸術家たちがパリを中心にバレエ興行
を行い、一大センセーションを巻き起こした、というものです。

　後にはフランスをはじめとした各国の芸術家たちが次々と参
加。このバレエ・リュスに関わった芸術家の名前を挙げると、
舞踏家のニジンスキーやバランシン、作曲家としては前に紹介
したストラヴィンスキーをはじめ、ドビュッシー、サティ、ラ
ヴェル、プロコフィエフ、舞台美術を手がけたのはピカソ、マ
ティス、ルオー、ローランサンというのだから、なんだか**オー
ルスター春の大感謝祭スペシャル**を毎日やっていたよ
うな、奇跡のような興行だったことがわかります。

　興行というからには仕掛け人がいるわけで、その人物こそが、

セルゲイ・ディアギレフです。よりロシア語っぽい表記をすれ
ば、「セルゲイ・パーヴロヴィチ・ジャーギレフ」。

この人物の名前を知ったとき、私は思わず**「うわ、悪そう」**
と思ったものです。

だって「ジャーギレフ」ですよ、なんか**昔話に出てくる人さ**
らいみたいな名前じゃないですか。

興行師として、**ドビュッシーやらピカソやらをムチでピシピ**
シと打っている光景が思い浮かんだものでした。

「もっと働くんジャー」

みたいに。

まぁ実際はそんなこともなかったようで、セーリシシという
田舎町で裕福な地方貴族の子として生まれた彼は、ある意味、
何不自由なく芸術家としての道を歩んでいきました。ただ、音
楽家になる夢は果たせず、代わりに芸術の目利きとして数々の
イベントを成功させる、という方面で才能を発揮。その彼の集
大成がこの「バレエ・リュス」だったわけです。

彼はフランスで主に活躍し、その際に「diaghilev」と綴られ
たために「ディアギレフ」と言われがちですが、ロシア語の「di」
は、「ヂ」に近い発音なので、より正確に発音しようとすると
「ヂャーギレフ」となります。

あ、こうなるとちょっとかわいい感じになるかも。

☛ 発 音 の コ ツ

ロシア語には一文字で「я（ヤ）」「ю（ユ）」「ё（ヨ）」と、ヤ行の音を表せる便利な文字があります。
とくにＲを逆さまにしたяという文字は、見たことがある人も多いはず。
彼の名前のはじめは「Д」(d)とこの「я」(ya)の組み合わせ。アクセントもここで「ジャーギリフ」です。

059

幻のピアニスト

リヒテル

Святослав Теофилович Рихтер
1914〜1997

　ロシア人の名前というと、「ピョートル」とか「フョードル」とか「イワン」とか、どことなく**珍妙な響きを持っているものが多い**のですが、これらはほとんど、キリスト教関係の名前です。つまり、元はヘブライ語、ギリシャ語、ラテン語の名前が多く、「ペトロ」がフランス語ではピエール、英語ではピーターとなるのに対して、ロシア語では「ピョートル」となったり、同様に「テオドロス」→「フョードル」、「ヨハネ」→「イワン」という感じです。

　それに対して、**圧倒的な読みづらさオーラを漂わせている**のが、「古代スラヴ語起源の名前」。こうした名前は「異教的」ということで、ロシアにキリスト教が広まるにつれ排除されていったのですが、意外としぶとく生き残っています。

　なかでも多いのが、古代スラヴ語で「栄光」という意味を持つ「スラフ」がつく名前。そんな名前を持つ有名人の代表が、スヴャトスラフ・テオフィーロヴィチ・リヒテルでしょう。1914年に生まれた、20世紀ロシア／ソ連を代表する名ピアニストです。

　私が学生時代によく聞いていたベートーヴェンの三重奏曲のCDがあるのですが、その演奏者は、

幻のピアニスト　リヒテル

・スヴャトスラフ・テオフィーロヴィチ・リヒテル（ピアノ）
・ムスティスラフ・レオポリドヴィチ・ロストロポーヴィチ
　（チェロ）
・ダヴィド・フョードロヴィチ・オイストラフ（ヴァイオリン）
　というすさまじいもので、**お互いの名前を呼び合う**
だけで演奏時間の半分くらい潰れるんじゃないか
と、勝手に心配したものでした。
「やぁ、スヴャトスラフ。そろそろ始めようか」
「ああ。ムスティスラフも用意はいいか」
「オッケーだ、オイストラフ」
（※注　実際にはどの名前にも愛称があり、わざわざこんな呼
び方はしません。あと、オイストラフに至っては苗字です）
　ちなみにリヒテルは苗字からなんとなくわかると思います
が、お父さんはドイツ人です。だからこそあえて、こんなスラ
ヴチックな名前をつけたのかも、と勘ぐりたくなります。
　音楽家の亡命が相次ぐなかソ連に留まり続け、西欧から「幻
のピアニスト」となかば伝説視されもした「スラヴ的」な雰囲
気と、この名前はとてもマッチしている気がします。
　晩年は西欧への演奏旅行も許可されるようになりましたが、
亡命などをすることもなく、1997年、ソ連人ではなくロシア
人として生涯を終えました。

☞ 発音のコツ

「スヴャ」は、「スヴァト」ではなく、あくまで「スヴィャト」（cviat）です。先ほど紹介した
「я」の文字が使われていますが、яもアクセントがつかなければ（軽めの）「イ」と発音するという
ルールなので、実は「スヴィタスラーフ」でよいのです。何にしろやっかいな発音。

061

名名前のチェリスト

ロストロポーヴィチ

Мстислав Леопольдович Ростропович

1927 ～ 2007

　リヒテルの話ではさらっと流してしまいましたが、本当はこの名前にこそツッコミを入れるべきだったと思います。

　ムスティスラフ・レオポリドヴィチ・ロストロポーヴィチ。「**長くて発音しづらくて珍妙**」という、三拍子そろった名名前です。

　しかも、こんなに長いのになんとたったの二音節（msti + slav）！

　この人は生前、日本にもよく来ていたので、知っている人も多いかと思います。

　20世紀ロシアを、そして世界を代表するチェロ奏者。人権擁護活動などに積極的にかかわったためソ連にいられなくなり、亡命。その後は世界中を飛び回って活躍しました。

　一方で、社交的なところが「俗っぽい」と評されることもあり、とくに彼の「無伴奏チェロ組曲」がクラシックファン以外まで巻き込んだ異例のヒットになったこともあってか、マニアからは軽視されがちなところもありました。チェリストというのは彼といいヨーヨー・マといい、なんかお茶の間ウケがいい人が多いのは、なぜなのでしょうね。

　でも、彼の「無伴奏」を今になって聞いてみると、普通にいい演奏だと思えます。芸術家というものは、死して初めて純粋

に作品を評価してもらえるのかも、などと偉そうなことを思ったりもします。

ともあれ、この長ったらしい名前はあらゆる民族を苦しめたらしく、西欧では名前の後ろのほうから「スラーヴァ」、日本では「ロストロ」などと、短くされがちでした。

まぁ、「スラーヴァ」は、「スラフ」を愛称化したものなのでいいのですが、「ロストロ」はどうかと思います。まるで**魚の頭をぶった切ったような**呼び方です。

語源は「ロストロープ」さんの「子ども（ヴィチ）」なので、日本語で言えば「榊原」さんを「さかきば」さんと呼ぶようなものでしょう。日本に来るたびに、「ロストロさん」などと呼ばれ、さぞ気持ち悪かったのではないかと拝察いたします。

かといって「ロスト」だとボールをなくしてしまったゴルファーみたいですし、**「ロストロポー」**だと某人気アニメの主題歌みたいで、結局、落ち着いたところが「ロストロ」だったのかもしれません。

ちなみに「ムスティ」とは、古代スラヴ語で「復讐」なんだそうです。つまり、ムスティスラフ（栄光の復讐）。

生前、日本人が失礼な呼び方をしたことで復讐されないかと、急に心配になってきました。

☞ 発音のコツ

「オ」の音の多くが「ア」に転化するので、「ラストラポーヴィチ」という感じになります。
オ行の多いロシア人の名前は、日本語のイメージとだいぶ異なる場合が多いので、
聞き取りに意外と苦労します。たとえば「モスクワ」も「マスクヴァ」となります。

ロシアのありがたいお名前

ロジェストヴェンスキー

Геннадий Николаевич Рождественский

1931 ～

おそらくどんな国にも「ありがたい名前」というものは存在しているはずです。たとえば私の高校時代の英語の先生は「神」という苗字でした。

何か言うたびに「神のお告げだ！」なんてからかわれていましたが、たぶん今でも**「神降臨！」**とか言われ続けていることでしょう。うっとうしいだろうなぁ。元気ですか神先生。

それはともかく、ロシア人の苗字で「ありがたい」のはやはり、ロシア人の多くが信仰するロシア正教関係の名前でしょう。

このロシア正教というのが曲者で、ただでさえ長い単語の多いロシア語のなかでも、この正教関係はとくに長ったらしいのが多い。だいたい「正教」という単語すら、「プラヴォスラーヴナヤ・ツェールコフィ」という長さ。モスクワにある有名な寺院は、「ブラゴヴェシチェンスキー・サボール（生神女福音大聖堂）」。**和訳すら長すぎて何言ってるかよくわからない**という始末です。そもそも「生神女」って何て読むんですか？

そんな感じなので、当然、あのキリスト教最大の祭日も、

フランス語　　ノエル

英語　　　　　クリスマス

ロシア語　　　**ロジュジェストヴォ**

064

ロシアのありがたいお名前　ロジェストヴェンスキー

　と、思わず「どうしてこうなった？」と叫びたくなる仕様と
なっております。
　この「クリスマス」を名前に冠しているのが、「ロジェストヴェ
ンスキー」という苗字。指揮者のゲンナージー・ニコラエヴィ
チ・ロジェストヴェンスキーがとくに有名かと思います。
　1931 年生まれで、ソ連がまだ華やかなりしころにモスクワ
放送交響楽団などで活躍。亡命する音楽家が相次ぐ中ソ連に留
まり続け、「ロシア的な重厚さ」を体現し続けた指揮者。その
音楽は確かにロシア的で重厚だけど、けっこう派手でもありま
す。
　まぁそんな説明がなくとも、名前だけで重厚さを表している
稀
け
有
う
な存在です。
**「ロジェストヴェンスキー指揮のムソルグスキー」なんて、ク
ラシック初心者には重々しくて買えたもんじゃありません。**
　でも、実は「クリスマス」さんだったんですね。そう考える
と、今までのロジェストヴェンスキー像がガラガラと音を立て
て崩れていくようで、逆に困ります。
　ちなみに、より正確に発音すると「ロジュジェストヴェンス
キー」となり、さらに重厚に。
　80 歳を超えてご存命。ぜひ長生きして、ご活躍してください。

☛ 発 音 の コ ツ

本文にも書きましたが、「ロジェ」のところは実は「ロジュジェ」です。
口の奥で発音するこもった「ジュ」の後にすぐ、「d」の音が来る、という寸法です。
まぁ、もごもごやってれば通じるんじゃないでしょうか。「ロ…ッジェーストヴィンスキィ」みたいに。

065

心のなかにあるロシア
シャガール

Марк Захарович Шагал

1887〜1985

ロシア人っぽくない名前をしたロシア人は、どうもロシア人であることを忘れられがちです。

その代表がこの人かもしれません。

マルク・ザハロヴィチ・シャガール。

以前、友人に「ロシア人って有名な作家や音楽家はいるけど、画家は全然有名な人がいないよね」と言われ、「シャガールがいるじゃん」と言ったら、「え、あれフランス人でしょ？」と言われた記憶があります。

さらに、「他にもルブリョフとかマレーヴィチとかカンディンスキーとかいるだろ！」と強く主張しようと思いましたが、**どう考えても一人も知らないだろう**と、言わずに心のなかにしまいこんだ思い出があります。

ちなみにこの名前の由来になったと思われる単語は「シャガーチ」という動詞で、これは「歩く」という意味。彼の先祖が何を思ってこの苗字にしたのかは不明です。

まったくもってロシアっぽくない名前ですが、ひとつには彼がユダヤ系だということ。そして、生まれた場所が、現在で言うところのベラルーシであること。ベラルーシやウクライナは、

言語そのものはロシア語と非常に似ていますが、名前の付け方はわりと違っていたりするのです。

ただ、彼の生まれた19世紀末の状況から考えれば、彼自身が自分を「ベラルーシ人」だと思っていたわけではないでしょう。

1887年にウィテブスクという街で生まれ、その後故郷を離れサンクトペテルブルグの美術学校で絵を学んだのですが、革命後ソ連に見切りをつけパリに。

画家として名声が高まったのは、ほぼこれ以降になります。

エコール・ド・パリの巨匠と呼ばれ、最終的にはフランス国籍を取得。友人が「シャガールってフランス人でしょ」と言ったのは、実際には正しいわけです。

しかもユダヤ人としてのアイデンティティも強く持ち、ユダヤの歴史についての絵を数多く描いている。

そんな彼が自分をどれだけロシア人だと思っていたかどうか、少々疑問です。

ただ、彼の代表作でもある「私と村」を見てもわかるとおり、少なくとも故郷・ウィテブスクは、彼の心のなかにずっと存在し続けていた、ということは確かなはずです。

ロシアびいきの人間としては、そのことにちょっとだけほっとします。

☞ 発 音 の コ ツ

コツも何も、典型的なロシア人名以外はこんなに発音しやすいのか、と改めて気づかされる
発音のしやすさです。ちなみにユダヤ人名としては「モイシェ・セガル」(Moishe Segal)というそうで、
こっちのほうがむしろ発音しにくそうです。

---

column 5

女性の名前のルール

　ロシア語はわりと厳密に男性と女性を区別する言語です。あらゆる名詞が「男性」「中性」「女性」に分かれています。ただ、フランス語やドイツ語と違って見分けるのは簡単で、原則として「子音で終われば男性」「o か e で終われば中性」「a で終われば女性」となります。

　今まで紹介した姓のほとんどが子音で終わっているのは、つまり彼らが「男性」だったから。じゃあ女性は、となると、実は当然苗字も「女性形」に変えねばならないのです。つまり旦那と奥さん、父親と娘の苗字が違ってくるわけで、なんとも厄介な言語です。「ポチョムキン」の奥さんや娘は「ポチョムキナ」です。「ガガーリン」なら「ガガーリナ」と、基本は語尾に「a」をつければいいので、簡単ではあります。逆に、ロシアの女性、たとえば「シャラポワ」なら、お父さんの名前は「a」を取って、「シャラポフ」となります。「スキー」系の名前は少々複雑で、「スキー」の代わりに「スカヤ」になります。「ドストエフスキー」の奥さんは「ドストエフスカヤ」となります。

　また、父称も変化し、お父さんがイワンなら、「イワノヴィチ」ではなく、「イヴァノヴナ」と「ヴィチ」の代わりに「ヴナ」となります。女性はあくまで a で終わらせないと気がすまない、それがロシア語なのです。めんどくさいなぁ。

第6章
書いて書いて
書きまくる

作家

ロシア語の見本市

サルトゥイコフ＝シチェドリン

Михаил Евграфович Салтыков-Щедрин

1826〜1889

　ここからは作家を紹介していこうと思いますが、初っ端から真打ちを登場させます。といっても名声や作品の素晴らしさではなく、あくまで**名前の長ったらしさ界の真打ち**ですが。

　ミハイル・エヴグラフォヴィチ・サルトゥイコフ＝シチェドリン。1826年生まれで、19世紀を生きた帝政時代のロシアの作家です。ドストエフスキー、トルストイ、ツルゲーネフらとほぼ同時代の人です。

　この人の作品『ある町の歴史』を読んだことがあります。なんとも長ったらしく、ナンセンスな話が延々と続くのですが、なんだか妙に読みふけってしまう不思議な作品。読み終わったあと、「実はこれ、すごい作品じゃないか」と思ったものですが、**世間で他に評価している人を見たことがありません。**

　まぁ、それでも世間が満場一致で評価するのは、この人の名前の長ったらしさでしょう。

　念のためですが、「サルトゥイコフ＝シチェドリン」まとめてひとつで苗字です。先ほど紹介したリムスキー＝コルサコフなどと同じで、このダブルネームがただでさえ複雑な名前をさらに怪奇なものにしています。さらに、「エヴグラフォヴィチ」という父称が、**いらぬ迫力を名前に与えています。**

しかもある意味、彼の名前は「ロシア語の見本市」なのです。

まず、「サルトゥイコフ」の「ゥイ」（ы）は、これまで何度も出てきた舌を奥に引っ込めながら「イ」と発音するような、例の微妙な母音。

そして、もっとも極悪なのが「シチェドリン」の「シチェ」。英語表記にすると「shche」となるのですが、「sh」＋「ch」ではなく、あくまで「shch」で一つの子音。

その証拠に、ロシア文字ではちゃんと一文字（щ）で表せます。

「シェ」と発音する際、舌を奥のほうに引っ込めて、さらに少しだけ音をこもらせるようにすると、「シシェ」みたいな音になります。

これが「シチェ」の音。素直に聞くと「シシェドリン」とも聞こえます。

私の知るかぎり、この「ы」と「щ」の二つの音は（ロシアの周辺国を除いて）どこの言語にも存在していません。

そんな貴重な音を一気に体感できるまたとないロシア人名が、この「サルトゥイコフ＝シチェドリン」なのです。

ちなみに、一部好事家だけに愛されている『ある町の歴史』は**当然のように絶版**です。

☛ 発音のコツ

アクセントも含めると「サルトゥイコーフ・シシドリーン」となります。ちなみに「щ」が入るほかの有名人としては、ソ連書記長として「雪解け」を演出したフルシチョフがいます。「シチョ」のところがあの音です。ですから本当は「フルシショフ」のほうが原音に近くなるでしょう。

071

気取った感じを出しながら

チェルヌィシェフスキー

Николай Гаврилович Чернышевский

1828～1889

　学生時代のこと。大学の同級生が教授に、

「チェルヌィシェフスキーが好きです」

　と言ったら、教授は、

「数年に一度、そういう生徒が現れるんです」

　と、不思議なものでも見るような目をして言っていました。

　逆に言うと、彼の代表作である小説『何をなすべきか』は、**そのくらいつまらない作品**らしいです。

　とはいえ、1828年生まれのニコライ・ガヴリーロヴィチ・チェルヌィシェフスキーは、ロシア思想史に必ず出てくる有名人。ナロードニキ運動の創始者の一人でもあり、その後の社会主義運動にも大きな影響を与えました。

　ただ、その過激な言動と活動のために政府ににらまれ、シベリアで約20年もの間、流刑生活を送ることに。代表作『何をなすべきか』はその流刑先で書かれた、彼の思想の妙味がたくさん詰まった純愛小説、だそうです。

　でもねー。

　そもそも『何をなすべきか』というタイトルな時点で、どう考えてもつまらんでしょう、これ。しかも著者名が「チェルヌィシェフスキー」。**おまけに「純愛小説」。**

コラム（P.28）でも述べましたが、「スキー」というのはロシア人の典型的な苗字の一つで、土地を表す語尾「スク」（ハバロフスクとか、ユジノ・サハリンスクとか）の形容詞形が「スキー」です。

それだけに、その土地の領主や地主系の人が付けがちな苗字だったのではないかと思われます。そんなイメージがあるからか、語尾に「スキー」とつく苗字の人は、比較的高い出自が多いような気がします。ちなみにチェルヌィシェフスキーは聖職者の息子でした。

それやこれやのイメージをつなぎ合わせていくと、この『何をなすべきか』は、ボンボン系（勝手な推測）理想主義者の書いた「とてつもなくつまらない」純愛小説……。

5周くらい回って年々読みたい気持ちが強まるばかりですが、いまだ果たせません。そもそも、すでにこの本、絶版です。

あのレーニンも感動したという思考の妙味の詰め込まれた作品をぜひ、どこかの出版社が再販してくれることを願います。

買うのは私だけかもしれませんが。

☛ 発音のコツ

カナで示せば「チルヌィシェーフスキィ」。言うまでもなく、「ヌィ」の部分は、「ウ」と「イ」の中間音のあの音です。「チェ」（ч）の音は日本語の「チェ」に比べ、口の奥でこもらせるような音。「シェ」も同様なので、全体的にもったいぶった感じになります。

一番かっこいい名前

ソルジェニーツィン

Александр Исаевич Солженицын

1918 〜 2008

　先ほど、ロシア人の名前で一番かっこいいものを挙げよ、と言われたら、ストラヴィンスキーとソルジェニーツィンで悩む、と書きましたが、結局は5秒くらい悩んで、この名前を挙げると思います。

　アレクサンドル・イサーエヴィチ・ソルジェニーツィン。1918年生まれの、主にソ連時代に活躍した作家です。

　1940年代半ば、もっともスターリン崇拝がエスカレートしていた時代に、スターリン批判をしたとして流刑に。

　その後「雪解け」時代が始まると、その収容所体験を元に書いた『収容所群島』『イワン・デニーソヴィチの一日』などの小説が国内外で話題になりました。

　ただ、「雪解け」が終わると、ソ連の問題点を赤裸々に暴き出す彼の小説は再び問題視されることに。そして1970年にノーベル文学賞を受賞するも、結局、ソ連を追放されることになりました。

　ちなみに追放直前のソルジェニーツィンをかくまったのが、チェリストのロストロポーヴィチ。彼はそのことが問題視され、結局自身も亡命を余儀なくされます。そこまでして彼のことをかくまったのはやっぱり、**名前が長い者同士の連帯感だったの**

074

でしょうか。

　ソ連を追放されたソルジェニーツィンですが、その後も積極的に政治的な発言を繰り返してソ連の現体制を批判し、カリスマ的な人気を博しました。

　そしてその発言はペレストロイカにも大きな影響を与え、意気揚々とソ連崩壊後のロシアに帰国した彼は、間違いなく新生ロシアで大きな役割を果たすはずでした。

　ですが皮肉なことに、ソ連が崩壊して帰国すると、逆に日に日に発言力は低下。忘れ去られたように2008年、死去しました。

　その要因はいろいろあって、ちょっと書ききれないのですが、やはりソ連崩壊後のロシアの変化が、彼の想像をはるかに超えていた、ということになるのでしょうか。

　もっとも、あまりに活躍しすぎて、「ソルジェニーツィン大統領」とかになっていたら、長ったらしくてマスコミ的には大変だったでしょう。

　結局、**「ソ大統領」**とか略されて、彼が生涯にわたって戦ってきた「ソ連」と同じようなことになっていたかもしれません。そういう意味ではまぁ、活躍しすぎなくてよかった、のかもしれません。

☞ 発 音 の コ ツ

最初の「ソ」はアクセントがつかないので「サ」。次の「ジェ」は口の奥で発音する音のうえ、アクセントがつかないので「ジ」。最後の「ツィ」は例のイとウの中間の音（ы）。ややこしい発音がてんこ盛りの実にロシア人らしい名前。「サルジニーツゥィン」という感じになります。

悪人は日本通？

アクーニン

Борис Акунин

1956〜

　実はロシアはけっこうなミステリー大国だったりします。**ロシアではミステリーのようなことばかり起こる**、ということではなく、ミステリー小説がよく読まれているということです、念のため。

　とくにソ連崩壊後は数多くの新進小説家たちが、新しい時代の新しいミステリーを次々に発表していきました。

　中でも有名な作家の一人が、ボリス・アクーニンです。「ファンドーリンの捜査ファイル」シリーズが有名で、邦訳も出ています。しかもあの岩波書店から。物好き、もとい着眼点がさすが、違います。でも売れたんだろうか。

　それはともかく、1956年生まれのこのアクーニンさん、実は相当な親日家・日本通なのです。

　大学で日本学を専攻し、三島由紀夫や島田雅彦のロシア語翻訳もしたほど。つまり日本語はペラペラ。ソ連時代には外国文学の文芸誌の編集者をしていたそうです。

　そんな人物がソ連崩壊後に初めて探偵小説を書き、それがベストセラーとなったわけです。日本人にとってはなんだか

ちょっと、嬉しくなる話です。

ロシア語の苗字の法則から言えば、このアクーニンという名前の語源は「アクーナ」という語のはず。知らない単語だなぁと思ってロシア語の辞書を調べてみるも、これが載ってない。

実はこのアクーニンさん、グルジア人とのことで、本名は「チハルチシヴィリ」。ということは由来はグルジア語かなぁ、などと思っておりました。そうしたら、後になんと日本語の「悪人」から来ていることが判明。

「悪人」→「アクーニン」

冗談みたいなほんとの話らしいです。

それはともかく、数ある日本語のなかからなぜ「悪人」を取ったのでしょうか。そういえば、「くたばってしめえ」からペンネームをつけたという二葉亭四迷もロシア文学者でした。

ロシア文学には人を自虐的にする何かが潜んでいるのかもしれません。ゴーゴリやチェーホフの小説などにも、自虐が行き過ぎて切なくなるような場面がしばしば出てきたりします。

ちなみに代表作「ファンドーリンの捜査ファイル」の舞台は19世紀ヨーロッパ。主人公はロシアの外交官で、日本に赴任経験あり。しかも日本赴任後には「忍術」が使えるようになったとか。**本当にあなた日本通ですか、アクーニンさん!?**

☛ 発音のコツ

ロシア語の「ウ」(y)はより口を前に突き出すので、「アクゥーニン」くらいの意識でいいと思います。
まぁ、日本好きの氏に敬意を表し、あえて日本語っぽく「悪一人」のように発音してもいいかと。
実際にはロシアの無政府主義者「バクーニン」にも由来しているそうです。

キスをして甘くしろ！
ゴーリキー

Максим Горький
1868〜1936

宮﨑あおい派の私はあまり興味がございませんが、最近、剛力彩芽さんってタレントがよくテレビに出ているそうですね。

今回取り上げるのは、ロシアの剛力彩芽と呼ばれている(嘘)、作家のマクシム・ゴーリキーです。

ゴーリキーという名前はペンネームで、意味は「苦い」。前に紹介したアクーニン（悪人）もそうですが、なぜロシア人の**作家はみな、どんよりしたペンネーム**をつけたがるんでしょうか。

さらに代表作のタイトルは『どん底』（На дне）という始末。ちなみに新宿三丁目にある老舗バーの「どん底」は、この作品が由来です。今は読む人もほとんどいませんが、昭和の学生運動の頃には人気があったそうです。

まだまだ帝政華やかなりし1868年に生まれたゴーリキー、本名ペシコフは、幼くして両親をなくし、いろいろな職を転々とした後、革命運動に参加。そういった体験からまさに社会の底辺の人々のことを知り尽くした作家でした。

もっとも、彼らの力強さを信じていた作家でもあり、『どん底』

もタイトルほどは、暗い話ではありません。

むしろ彼の生涯でどん底だったのは、晩年だったかもしれません。国外で暮らすも資金が底をつき困窮し、ソ連へ帰国。ソ連では有名作家の帰国ということで歓迎されるも、じきにスターリンの粛清が激しくなると軟禁状態に置かれ、その後、謎の死を遂げます。毒殺説もあります。

ちなみに発音で難しいのが、ゴーリキーの「リ」。単純な「イ」(i) ではなく、ロシア語では「ь」という字を書き、「イを発音するときの口の形をするけれど、母音は発音せず子音で止める」というもので、これを知ったときは**思わずロシア人の頭をはたきたくなりました**。とりあえず普通に「r」だけ発音するつもりで、口を横にぐっと広げると、それっぽい音にはなるはずです。

ちなみに、ロシアでは結婚式を挙げている男女に対して「ゴーリカ！　ゴーリカ！」とはやし立てる、という習慣があります。

苦いからキスをして甘くしろ、というわけです。

私もロシアで見かけて、やったことがあります。**にらまれました**。

そんなどうでもいい個人的な記憶も含め、なぜか思い出すたびにほろ苦さを感じる作家・ゴーリキー。

読み継がれていってほしいものです。

☞ 発 音 の コ ツ

この複雑怪奇な「リ」(рь)の音、「おーい、ゴーリキー！」と叫んでいる途中に後ろから刺されて、
「おーい、ゴーリ、うっ！」となった瞬間の音と言えばわかりやすいでしょうか。
いや、かえってわかりにくいか。

ドストエフスキーの罠
スヴィドリガイロフ

Аркадий Иванович Свидригайлов

　この複雑怪奇な名前の方、実は実在した人物ではなく、ドストエフスキーの長編『罪と罰』の登場人物です。

　本名アルカージー・イワーノヴィチ・スヴィドリガイロフ。「スヴィドリ」というあたりで舌をかみそうになりますが、さらに「ガイロフ」と続くあたりが最強、**いや最凶**といってもいいでしょう。

　若者が背伸びして『罪と罰』を読み始めると、最初に主人公の名前「ラスコーリニコフ」に、「なんだこの長ったらしい名前は」と驚き、次に「マルメラードフ」「ラズミーヒン」なる見慣れぬ文字列に、「こりゃ、人の名前を覚えるのが大変だ」と感じ、満を持して登場する「スヴィドリガイロフ」の前にひざまずいて、本を放り投げるのが通例。

　にわか文学青年に向けてドストエフスキーが仕掛けた周到なワナ、それがスヴィドリガイロフなのです。**そのせいで自分の本が売れなくなってしまってますよ、ドストエフスキー先生⁉**

　さて、このスヴィドリガイロフ、一応、どんな人か説明しましょう。いろいろと黒い噂がつきまとう金持ちの地主で、金にモノをいわせて主人公ラスコーリニコフの若い妹を手に入れようとするという、典型的な悪役キャラとして登場します。なの

にどこか哲学的で、虚無的で、結局主人公の妹に振られてしまうと、なんだかあっけなく参ってしまい、自殺してしまう。そんな二面性のある複雑な人物です。

　ところでドストエフスキーという人は、登場人物の名前にいろいろな含みを持たせることを好みました。『罪と罰』の主人公、ラスコーリニコフは「分離派教徒」が語源ですし、マルメラードフは「フルーツゼリー」や「フルーツキャンディ」という意味。思わず深読みしたくなる名前が多いのです。

　「スヴィドリガイロフ」の語源となる「スヴィドリガイロ」というのは、15世紀のリトアニア大公スヴィトリガイラのロシア読みで、大公になったと思ったら戦に負けて追放され、復活したと思ったらまた追放され、ということを繰り返した、なかなか難儀な人生を送った人のようです。それにしてもこんな複雑な名前を持っていることからすると、リトアニア語もまた、なかなかにやっかいな言語なのかもしれません。

　ちなみにこのスヴィトリガイラのライバルはジーギマンタス・ケーストゥタイティスという、さらに長い名前の人だったそうです。となるとドストエフスキーが託したメッセージは、**「長い名前の人は、長い名前の人と対立しがち」**ということなのでしょう。違うか。

☛ 発 音 の コ ツ

とにかく長いだけでとくに難しい音は含まれてないとはいえ、全体的に舌をかみそうな音から
なっているこの名前。アクセントは「ガ」なので、「スヴィドリガーイラフ」となります。
憎々しげに言うと効果抜群です。何の効果かはわかりませんが。

ドストエフスキー、真骨頂
スメルジャコフ

Павел Фёдорович Смердяков

　スヴィドリガイロフに続いて、またもドストエフスキーの作中人物の名前を挙げてしまいます。

　いや、彼の小説の登場人物って、なんか怪しくて長い名前が多いのですよ。

　ドストエフスキー自身もいろいろな暗喩（あんゆ）効果を狙って、自覚的にそうしていたフシがあるそうですが、それが**ロシア文学食わず嫌いをどれだけ増やしているか**を考えると、先生、本当に罪な人です。

　で、このスメルジャコフさんですが、『カラマーゾフの兄弟』に出てくる登場人物であり、ある意味影の主人公ともいえるキャラクター。

　本書の（本来の）主人公であるカラマーゾフ三兄弟の家の使用人なのですが、三兄弟の父フョードルの隠し子だという噂がまことしやかに流れており、そうだとすると主人公の異母兄弟ということになります。

　その名前の響きどおり悪役、というか「トリックスター」といった役柄なのですが、なかなかに深遠な、味わい深い人物です。このスメルジャコフと次兄イワンとの心理戦こそが本書の一番の読みどころだと、私は勝手に思っています。

やはりこの人に惹かれた村上春樹氏も、『スメルジャコフ対織田信長家臣団』なんていう本を出してるくらいです（内容とはあんまり関係ないんですが）。

ところで、ロシア人の名前には、「父称」というものがあって、名前と苗字の間にお父さんの名前がちょっと変化して入るということは、前述のとおりです。

で、このスメルジャコフ、本名をパーヴェル・フョードロヴィチ・スメルジャコフといって、「父親が誰だかわからない」はずなのにしれっと「フョードルさんの息子」となっていたりします。このあたりのブラックユーモアは、ある意味ドストエフスキーの真骨頂でもあります。

ただこの人、本当の突っ込みどころはむしろ苗字のほうで、その由来（スメルジャーク）はなんと**「嫌なにおいがする」**。

なんでも、戦前の『カラマーゾフの兄弟』の翻訳のなかでは彼のことを**「臭い子太郎」**としていたものすらあるとか。いや、そこ意訳しなくていいから。あと、**太郎はどこから出てきた、太郎は？**

なんにしろ、深遠なるカラマーゾフの世界が台なしになりかねない、危険極まりない名前なのです。

☛ 発音のコツ

「ジャ」は「ディアギレフ」のときに出てきたのと同じ音。ただ、アクセントは「コ」につくので、
「スミルヂコーフ」のようになります。「ヂ」がなんとも卑屈な感じで、彼のキャラを
よく表しているような、いないような。薄笑いを浮かべながら発音すると雰囲気が出ます、何かの。

実はニートの三兄弟

カラマーゾフ

Братья Карамазовы

　スメルジャコフという『カラマーゾフの兄弟』の登場人物の名前を取り上げたところで、今度は「カラマーゾフ」という名前のほうを取り上げたいと思います。**順番が逆のような気もしますが……。**

「カラマーゾフ」、いかにもロシアっぽい重苦しい名前です。私も本書を読む前は、「ロシアの大地で泥にまみれて生きる農家の兄弟たちの苦難の物語」かと思っていました。**全然違いました。**

　舞台は農村ではなく地方都市（スターラヤ・ルッサという町がモデル）だし、三兄弟も、

・長男は軍隊帰りのプレイボーイ。あっちこっちで揉め事を起こす問題児だが、実は熱血漢でいいやつ

・次男はインテリ大学生。クールぶって小難しいことばかりしゃべっているが、実はとっても繊細

・三男は現実逃避癖があるけどみんなに愛されるいい人。ただ、好きな女性から「いい人すぎてつまんない」とか言われたりする悩み多き青年

　という感じで、土に生きるどころか、**みな仕事すらしていないニートです。**

084

さて、暗喩好きのドストエフスキー先生だけに、この「カラマーゾフ」という名前も意味深です。具体的には「黒く塗る」という意味で、素直に捉えれば、いろいろ問題を引き起こすカラマーゾフ家の暗黒面を意味している、ということでしょう。他にも、多くの学者が様々な説を唱えていますので、ここではちょっと違ったお話を。

「カラ（黒）」というのは、明らかに中央アジア由来と思われる語です。モンゴル語でもトルコ語でも黒は「カラ」。モンゴルのカラホト遺跡の中国語名は「黒水城」だし、黒海はトルコ語で「カラ・デニズ」です。

　かつて、トルコ語やモンゴル語（アルタイ諸語）と日本語は同じルーツだ、という説が声高に唱えられていた頃、この言葉がよく注目されました。カラ（kara）とクロ（kuro）はそっくりじゃないか、と。今はこの説は否定されている、といいますか、「検証のしようがない」ということになっています。

　でも、日本語と「カラマーゾフ」が、こんな形でつながっているかもしれないというのは、ちょっと面白いですよね。

　もし、スメルジャコフを意訳して「臭い子太郎」とした例の翻訳者がこのことを知っていたら、「黒マーゾフ」とか訳していたかもしれません。『黒マーゾフの兄弟』……マフィア小説、という感じです。ちょっと面白そうかも。

👉 発音のコツ

最後の「ゾ」が「ザ」と発音され、「カラマーザフ」となるくらいで、ごく発音しやすい名前です。
三兄弟の名前も「ドミートリィ」「イヴァーン」「アリョーシャ」と、ロシア人にしては素直な名前です。
本の内容がアレなので、せめて発音くらいは簡単に、という配慮？

それでこそロシア人
ドストエフスキー

Фёдор Михайлович Достоевский

1821 〜 1881

　ここ数年、ドストエフスキーがやけに身近になっている気がします。

　亀山郁夫氏による新訳、村上春樹氏のドストエフスキー評、東大教授が学生に読ませたい本第 1 位……挙句、『カラマーゾフの兄弟』が設定を日本に変えてドラマ化されたりもしました（あのドラマの暴走っぷりは一見の価値があります）。

　19 世紀ロシアを、いや、世界を代表する作家、フョードル・ミハイロヴィチ・ドストエフスキー。作品はどれも読んでみると意外と読みやすいのに、その重々しい著者名と、『罪と罰』『悪霊』などというなんの飾り気もないタイトルで近づくものを排除するという**孤高のツンデレ大作家**です。

　それが、ずいぶん親しみやすくなってきたのはうれしいこと、なのですが……。

　先日、本のことを扱ったあるマンガで、ドストエフスキーの小説を取り上げた話が出てきました。おお、ここにもドストエフスキーが、と読もうとしたら、トビラページのタイトルに思い切り「ドラトエフスキー」という誤植が。

それでこそロシア人　ドストエフスキー

　おいおいおい、と思いつつ、ふと思ったわけです。

　むしろこれこそ、ロシア人の名前のあるべき扱われ方ではないか、と。

　読みにくさ、書きにくさこそ、ロシア人の名前のあるべき姿ではないかと。**言い間違えられてこそ、書き間違えられてこそ、ロシア人の名前**ではないかと。

　異文化への興味は、「なんでこんなに違うんだ！」というところから始まるのかもしれません。

　そう考えれば、名前や地名だけで「なんだこりゃ」と思わせることのできるロシアは、なかなかに魅力的な国だと言えるのではないでしょうか（まぁ、ロシア人は別に「なんだこりゃ」とも思ってないわけですが）。

　ぜひ、その長ったらしく読みにくい名前に戸惑ったり、苦笑したりしながら、ロシアの小説や歴史書などを読んでみてください。

　そして、そのための入り口として、ドストエフスキーの小説は最適です。人名だけでなく、「スコトプリゴーニエフスク」（『カラマーゾフの兄弟』の舞台）なんていうステキな地名も満載です。

　ちなみにこれはさすがにロシア人的にも長すぎるらしく、ドストエフスキー自身が**「冗談みたいな町の名前」**みたいなことを言っているのですが……。

☛ 発音のコツ

「ダスタイェーフスキィ」となります。重苦しさはけっこう緩和される印象です。ドストエフスキーの本を読んでみると、彼が重厚な哲学者というよりは、もっと人間らしい滑稽さを持っている人物だとわかります。そんな親しみをこめてぜひ「ダスタイェーフスキィ」と言ってみてください。

松 樟太郎
まつ・くすたろう

1975年、「ザ・ピーナッツ」解散と同じ年に生まれる。
某大学ロシア語科を出たのち、生来の文字好き・活字好きが嵩じ出版社に入社。
ロシアとは1ミリも関係のないビジネス書を主に手がける。
現在は、ロシアのロの字も出てこないビジネススキル雑誌の編集長を務めつつ、
ロシア発のすごいスキルがないかと非生産的なリサーチを続けている。
そろばん3級。TOEIC受験経験なし。現在「みんなのミシマガジン」で、
巷で噂の名コーナー「究極の文字をめざして」を連載中。

本書は、ミシマ社のウェブ雑誌「みんなのミシマガジン」の連載
「声に出して読みづらいロシア人」に加筆・修正を加え、再構成したものです。

声に出して読みづらいロシア人
2015年5月25日　初版第一刷発行

著　者　　　松 樟太郎
イラスト　　なかむらるみ
発行者　　　三島邦弘
発行所　　　㈱ミシマ社 京都オフィス
郵便番号　　606-8396
京都市左京区川端通丸太町下る下堤町90-1
電　話　　　075(746)3438
FAX　　　　075(746)3439
e-mail hatena@mishimasha.com

装　丁　　　寄藤文平・鈴木千佳子(文平銀座)
印刷・製本　(株)シナノ
組　版　　　(有)エヴリ・シンク
©2015 Kusutaro Matsu Printed in JAPAN
本書の無断複写・複製・転載を禁じます。
URL　　　　http://www.mishimasha.com/
振　替　　　00160-1-372976 ISBN978-4-903908-64-9

くじら通信

2015 Spring

オモシロイヨ

ハジメマシテ。ハジマリマシタ。

ミシマ社の新シリーズ、「コーヒーと一冊」を
お手にとってくださり、ありがとうございます。
ホッとひと息、ページをパラリ。
どうぞごゆるりと、お楽しみくださいませ。

中もアリマス。

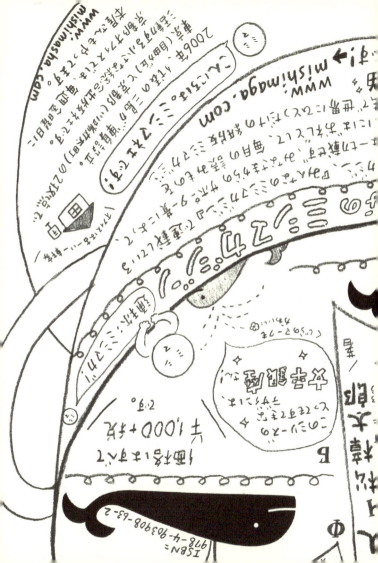

『コーヒーと一冊について』

かつての読み好き、カムバック

こんな願いをこめてシリーズを考えました。

具体的には、「読み切る感覚をもう一度」という考えのもと、すべての本を、100ページ前後の仕上がりにします。

まさに、「コーヒータイム」に読み切ることだってできる。

それにより、一冊を読了するという喜びを、体感してもらう。読了感覚を身体化することで、本という世界にふたたび近づいてもらう。

（本を一冊まるごと読み終わったときの余韻がたまらない……）

（もっともっと浸っていたい……）

そんなふうに、本シリーズの一冊が引き金となって展開していくことを願ってやみません。

「一冊を読む時間がなくて……」という、あまりにしばしば耳にした声にお応えするシリーズでもあります。

MISHIMA BLEND

本屋さんに元気を

よく知っている何人かの書店員さんを思い浮かべても、終わりのない後退戦を強いられるような状況が現実にあります。けれど、同じがんばりでも、その先に光があると感じることができれば、人はつづけることができる。

本シリーズでは、買切というやり方をとることで、書店に、通常の取引のおよそ倍の利益が入るようにします。

本屋さんが届けたい本をしっかり届けていく。そうすることで、経済面においても、気持ちの面においても、循環していく。

そういう流れをつくっていきたい。これはその大きな変化のための、小さな一歩となるシリーズでもあります。

コーヒー...と

← 元・書店員のジュンコさんは、仙台在住のイラストレーターさん

佐藤ジュン

佐藤ジュンコの ひとり飯な日々

女のひとり飯歴18年のジュンコさんが描く、仙台暮らしの日々とごはん。

ひとり、ベランダでビールする日も、大すきな仲間たちと一緒の時も、いつだって、食べることは最高のシアワセ ❀

お腹いっぱい、胸いっぱい！の新しいゆるマンガ、誕生です。

とにかくなごむジュンコさんの絵

ISBN=
978-4-903908-62-5

某大学ロシア語科卒。その後はとくにロシアとは縁のない日々。編集者さんです。

声に出して読みたい日シ

Murkuma coffee

Murkuma coffee

ISBN= 978-4-903908-64-9

УЧИМ
НОВЫЕ
РОССИЙСКИЕ
СЛОВА

ロシア語
読みブック

松 博士郎

これからの書き手の方々へ

実際、「コーヒーと一冊」の創刊3冊は、「新人」の書き手の方々ばかり。
いずれもミシマ社のウェブマガジン「みんなのミシマガジン」連載時から好評を博した3本です。
もちろん、新人の方のみのレーベルではありません。今後、著名な方々にも書いていただく予定です。
同時に、これから活躍していっていただきたい書き手の方々が、一歩目、二歩目を踏み出す場としても、積極的でありたい。そう思っています。
「ちいさな総合出版社」として、ジャンルではなく、さまざまな「面白い！」を基準に据え、発刊していくシリーズになります。